NELIO BIZZO

CIÊNCIAS
FÁCIL OU DIFÍCIL?

NELIO BIZZO

CIÊNCIAS:
FÁCIL OU DIFÍCIL?

BIRUTA

COPYRIGHT© NELIO BIZZO

PROJETO GRÁFICO: REX DESIGN
REVISÃO: ADRIANO ANDRADE
COORDENAÇÃO EDITORIAL: EDITORA BIRUTA

PUBLICADO ANTERIORMENTE PELA EDITORA ÁTICA
1ª EDIÇÃO - EDITORA BIRUTA - 2009
2ª REIMPRESSÃO - EDITORA BIRUTA - 2025

Dados Internacionais de Catalogação na Publicação (CIP)
(Câmara Brasileira do Livro, SP, Brasil)

Bizzo, Nelio
Ciências: fácil ou difícil? / Nelio Bizzo
1ª. ed. — São Paulo: Biruta, 2009

    Bibliografia
    ISBN 978-85-7848-035-6

    1. Ciências (Ensino Fundamental) 2. Metodologia
I. Título.

    09-09376   CDD - 372.35

    Índices para catálogo sistemático:
1. Ciências: Ensino fundamental 372.35

EDIÇÃO EM CONFORMIDADE COM O ACORDO ORTOGRÁFICO DA LÍNGUA PORTUGUESA.
TODOS OS DIREITOS DESTA EDIÇÃO RESERVADOS À
Editora Biruta Ltda.
Rua Conselheiro Brotero, 200, andar 1-A
Higienópolis CEP: 01154-00
São Paulo-SP, Brasil
Tel.: (011) 3081-5739
Fax: (011) 3081-5741
E-mail: contato@editorabiruta.com.br
Site: www.editorabiruta.com.br

A reprodução de qualquer parte desta obra é ilegal e configura uma apropriação indevida dos direitos intelectuais e patrimoniais do autor.

AGRADECIMENTOS

MESMO SENDO IMPOSSÍVEL AGRADECER A TODAS AS PESSOAS QUE CONTRI-buíram de alguma forma para este livro, gostaria de destacar alguns nomes. Devo especial agradecimento a Wynne Harlen e a Terry Russel, do *Centre for Primary Science and Technology* (CRIPSAT) da *School of Education, University of Liverpool*, na Inglaterra, que me iniciaram na pesquisa com a "ciência das crianças". Edgar Jenkins, da *University of Leeds*, também na Inglaterra, me acolheu no pós-doutorado e continua sendo uma referência para a reflexão da vertente sociológica do ensino da ciência. Agradeço ainda a Bonnie Shapiro, da *University of Calgary*, no Canadá, e meus professores Myriam Krasilchik, Oswaldo Frota-Pessoa, Hercília Tavares de Miranda, Roberto Boczko e Bernardo Beiguelman. Agradecimentos especiais devo a Peter Kelly e Bill Cobern. Cecília Yoshida Freire e Maria Inês Scabin foram uma ajuda muito importante e lhes sou muito grato. Devo agradecer também a meus alunos, uma vez que este livro resultou de apostilas e guias de aula e de estágio supervisionado que desenvolvi para a disciplina de metodologia de ensino da ciência ministrada no curso de pedagogia da Faculdade de Educação da USP-SP. Sou muito grato a eles, que sempre me estimularam com suas críticas e sugestões e literalmente me obrigaram a demonstrar minhas convicções mais profundas, mesmo se de maneira claudicante. O livro foi adotado em diversos cursos de Pedagogia em instituições públicas e privadas e muitas sugestões me foram encaminhadas, as quais puderam ser agora incorporadas nesta nova edição. O mandato que exerci no Conselho Nacional de Educação foi de intenso aprendizado e constituiu verdadeiro privilégio, não apenas pelo convívio com os colegas, como também pelo período de intensas mudanças que o país presenciou, em especial em relação às normas que regem a formação de professores. Agradecimento especial devo ao CNPq (Processo 304243/2005-1), pelo apoio contínuo no desenvolvimento de pesquisas que estão na base deste livro e à Universidade de São Paulo, pela bolsa de doutorado-sanduíche, que financiou parcialmente meus estudos de doutorado na Inglaterra. À CAPES/MEC sou grato pela bolsa de pós-doutorado na Universidade de Leeds. Sou muito grato ao *Museo Civico di Storia Naturale di Verona*, e a seu diretor, Dr. Roberto Zorzin, e ao *Museo dei Fossili* de Bolca (Vestenanuova), e também às famílias muito acolhedoras daquela localidade, na província de Verona, na Itália. À minha família devo agradecer muito pelo apoio e compreensão, em especial à minha esposa, Maura, que me ajuda não apenas com os dados de pesquisa, mas, sobretudo com afeto, estímulo e incentivo para seguir adiante.

SUMÁRIO

INTRODUÇÃO 11
A CIÊNCIA NA ESCOLA 14
ENFRENTANDO A REALIDADE 15
A PROPOSTA DO LIVRO 19

CAPÍTULO I – CONHECIMENTO: CIENTÍFICO E COTIDIANO 21
1. SOBREVIVÊNCIA NEM SEMPRE CIENTÍFICA 24
2. ESPECIFICIDADES DO CONHECIMENTO COTIDIANO E DO CONHECIMENTO CIENTÍFICO 27

CAPÍTULO II – ENSINAR CIÊNCIAS 33
1. ESCOLA "PUXADA EM CIÊNCIAS" 37
2. PESQUISAS EM ENSINO DE CIÊNCIAS 41
3. UM BREVE PANORAMA GERAL DAS PESQUISAS 41
4. A "CIÊNCIA DAS CRIANÇAS": UM EXEMPLO BRASILEIRO 46
5. A "CIÊNCIA DAS CRIANÇAS": UM EXEMPLO EUROPEU 52
6. REPENSANDO O ENSINO A PARTIR DAS PESQUISAS 60

CAPÍTULO III – PERSPECTIVAS PARA A ATUAÇÃO DO PROFESSOR 63
1. ENTENDER A PRÁTICA COTIDIANA COMO OBJETO DE PESQUISA 65
2. CONHECER ESTUDOS E PESQUISAS SOBRE ENSINO DE CIÊNCIAS 67
3. ENCAMINHAR ATIVIDADES SEM SE APRESENTAR COMO UMA FONTE INESGOTÁVEL DE CONHECIMENTO 68
4. PROPORCIONAR OPORTUNIDADES DE TROCA DE IDEIAS ENTRE OS ALUNOS 70
5. PROPOR PROBLEMAS E ESTIMULAR EXPERIMENTAÇÃO E DEBATE 71
6. PROCURAR PRINCÍPIOS E APLICAÇÕES EM CONTEXTOS DIVERSOS NAS AULAS 72
7. PROGREDIR CONCEITUALMENTE 74
8. UTILIZAR TERMINOLOGIA CIENTÍFICA DE MODO CORRETO 75
9. PESQUISAR E IMPLEMENTAR FORMAS INOVADORAS DE AVALIAÇÃO 79
10. CONHECER A VISÃO DE CIÊNCIA DA ESCOLA E A COMUNIDADE 82

CAPÍTULO IV – ORIENTAÇÕES GERAIS PARA A PRÁTICA DO PROFESSOR 83
1. UTILIZAR LIVROS DIDÁTICOS DE FORMA CRÍTICA 85
2. BUSCAR ACUIDADE NA PROGRESSÃO CONCEITUAL 87
3. SELECIONAR UMA VARIEDADE DE TEXTOS E IMAGENS ADEQUADAS AOS ALUNOS 89
RELATOS CIENTÍFICOS 89
MATERIAIS DIDÁTICOS 91
4. PROPORCIONAR AOS ALUNOS PRÁTICAS DE EXPERIMENTAÇÃO 96

5. DESENVOLVER "PROJETOS DE CIÊNCIAS" 98
6. SABER UTILIZAR COMPUTADORES NO ENSINO 103
7. O PLANEJAMENTO CURRICULAR E PROGRAMÁTICO 107

CAPÍTULO V – A TEORIA NA PRÁTICA 111
1. ÓRGÃOS DOS SENTIDOS 114
    A) O ASSUNTO: VER, OUVIR, SENTIR 114
    B) IDEIAS E ATIVIDADES 117
    B.1. ATIVIDADES: VENDO, OUVINDO E SENTINDO CHEIROS 120
    C) COMENTÁRIOS GERAIS 123
2. O PLANETA GLOBAL 124
    A) O ASSUNTO: PLANETA ESFÉRICO 125
    B) IDEIAS E ATIVIDADES 128
    C) COMENTÁRIOS GERAIS 129
3. A ENERGIA PARA PLANTAS E ANIMAIS 131
    A) ASSUNTO: O SOL E A FOTOSSÍNTESE 131
    B) IDEIAS E ATIVIDADES 136
    B.1. ATIVIDADE: A VIDA NUMA GARRAFA 137
    B.2. ATIVIDADE: PLANTAS CARNÍVORAS SE ALIMENTAM DE LUZ? 139
    C) COMENTÁRIOS GERAIS 141
4. O AR E SUAS PROPRIEDADES 143
    A) ASSUNTO: TUDO SE TRANSFORMA 143
    B) IDEIAS E ATIVIDADES 144
    B.1. ATIVIDADE: A CHAMA DA VELA 144
    C) COMENTÁRIOS GERAIS 151
5. RESUMINDO... 152

BIBLIOGRAFIA 155

INTRODUÇÃO

ESTUDAR METODOLOGIA E PRÁTICA DE ENSINO DE CIÊNCIAS NOS DIAS ATUAIS
não é tarefa fácil para os estudantes dos cursos de formação de professores das séries iniciais do ensino fundamental, como também para professores que já trabalham em sala de aula. Este livro se dirige a homens e mulheres, profissionais da educação, que levam a sério seu trabalho, mas se ressentem de falta de apoio efetivo.

A Lei de Diretrizes e Bases da Educação Nacional (Lei 9394/1996) determinou que os sistemas de ensino poderiam estabelecer normas para a realização de estágios, incluindo os dos cursos de formação de professores em nível superior (Art 82). Nos dez anos que se seguiram à promulgação da LDBEN, houve um intenso e difícil debate sobre a formação docente, e a formação inicial passou a conter além de conteúdos de natureza científico-cultural e do estágio supervisionado, um substancial tempo de prática como componente curricular. Essa prática tem sido confundida frequentemente com uma série de atividades, desde aulas de laboratório até o próprio estágio supervisionado, o qual aliás, é (e já era) curricular. As Diretrizes Curriculares Nacionais para Formação de Professores para a Educação Básica (Parecer CNE/CP 09/2001 e Res CNE/CP 01/2002) reafirmaram a necessidade de tornar os cursos de licenciatura como projetos institucionais com identidade própria, nos quais a dimensão da sala de aula e do aluno, personagem principal do sistema educacional, não poderia perder relevância.

Ao longo de trinta anos de prática docente, pude perceber que a perspectiva ideológica da ação docente não pode se dissociar da expectativa social que recai sobre a escola. Por muito tempo deixou-se de conferir a devida importância aos conteúdos escolares, de modo que a metodologia de ensino era vista como mero "fazer" pedagógico. Na verdade, a opção entre a perspectiva ideológica e a dos saberes escolares constitui uma falsa dicotomia. Sem eles, a escola deixa de ter a legitimidade que a sustenta como instituição social.

Este livro pretende proporcionar uma discussão do saber e do fazer, numa perspectiva transformadora, que seja, na medida do possível, profunda, mesmo se despretensiosa e descomplicada, ao lado de uma abordagem explícita de conteúdos escolares propriamente ditos, não apenas discutindo o conteúdo, mas também metodologias de ensino adequadas. Trata-se de uma tentativa inovadora, que pretende enfrentar uma realidade que nos é velha conhecida, em especial na área de ensino de ciências.

A CIÊNCIA NA ESCOLA

A Ciência passa a ter espaço no currículo das escolas brasileiras, para crianças, há relativamente pouco tempo. Foi apenas em 1961 que ela efetivamente foi instituída de maneira compulsória, na forma de "Introdução à Ciência" no que seria hoje o ensino fundamental. Mas a realidade da então escola secundária (que corresponderia aos anos finais do ensino fundamental) já trazia elementos que nos soariam muito familiares. O cientista e professor Oswaldo Frota-Pessoa escreveu, àquela época, um livro[1] discutindo as dificuldades do ensino de ciências nas escolas brasileiras no qual é possível perceber, desde as primeiras linhas, um quadro semelhante ao que encontramos hoje em dia. Essas dificuldades configuram até mesmo uma verdadeira "cultura" do fracasso escolar na área de Ciências.

É comum que diante da falta de compreensão de certa definição, por exemplo, tanto o professor quanto os alunos passem a acreditar que estejam diante de uma verdade absoluta e se sintam incapazes, intelectualmente, de entender algo que parece ser óbvio para os cientistas. No entanto, como veremos adiante neste livro, muitas vezes, professor e aluno não entendem afirmações, mesmo algumas que aparecem impressas em seus livros didáticos, pela simples razão de que elas são uma síntese de várias explicações e conceitos e que não podem mesmo fazer sentido sozinhas, como afirmações isoladas. Algumas vezes, para tentar simplificá-las, os materiais didáticos

---

[1] Frota-Pessoa, O. Biologia na Escola Secundária. Ed. Nacional, SP, (1961).

acabam por distorcer os conceitos científicos, algumas vezes dando a impressão de que podem ser facilmente compreensíveis, outras aumentando as dificuldades de professores e alunos. Por exemplo, durante décadas muitos livros didáticos afirmaram que o verão ocorria porque a Terra se aproximava do Sol. Mas ao ligar a televisão e ver o noticiário, professor e alunos se deparam com as praias lotadas do nosso litoral e nevascas terríveis no hemisfério Norte. Onde estaria a Terra: perto ou longe do Sol?

Sem poder encontrar a resposta facilmente, a tendência é atribuir a si mesmo a culpa pelo fracasso de qualquer explicação que tentassem elaborar. Sentiam-se incapazes, desmotivados, abatidos em sua autoestima. "Ciências é difícil", costumava-se dizer nesses momentos.

Para escapar dessa situação, uma alternativa era a de simplesmente aceitar a explicação a que tinham acesso. Nesse caso, costumava-se dizer que "ciências é fácil", pois bastava que os alunos memorizassem algumas afirmações e explicações e as apresentassem ao professor nos rituais de avaliação.

Mas, outras vezes, os professores procuravam pela explicação correta e a apresentavam a seus alunos: "O eixo de inclinação da Terra é de 23 graus em relação à perpendicular do plano da eclíptica. Disso decorre distribuição desigual de irradiação solar ao longo do ano nos dois hemisférios, com exceção dos dois equinócios". Este modelo é correto, ao contrário daquele que falava da proximidade da Terra em relação ao Sol. No entanto, dificilmente os estudantes das séries iniciais do ensino fundamental poderão compreender a afirmação e relacioná-la com o noticiário da TV, por exemplo. Também nesses casos, costumava-se dizer que "Ciências é difícil".

ENFRENTANDO A REALIDADE

Este livro tenta mostrar que o ensino de ciências pode parecer fácil em certos momentos, mas isso não significa necessariamente que esteja atingindo seus objetivos. Por outro lado, ele pode parecer difícil em outras situações, mas mesmo assim, proporcionar grande envolvimento de alunos e professor, ainda que apresente algumas dificuldades e desafios para ambos.

O ponto principal é reconhecer a real possibilidade de entender o conhecimento científico e a sua importância na formação dos nossos alunos uma vez que ele pode contribuir efetivamente para a ampliação de sua capacidade de compreensão e atuação do mundo que vivemos. Parte-se do princípio de que ensinar ciências no mundo atual deve constituir uma das prioridades para todas as escolas, que devem investir na edificação de uma população consciente e crítica diante das escolhas e decisões a serem tomadas.

Reconhece-se que o papel do ensino de ciências deixou de ser apenas o de preparar futuros cientistas, ao procurar revelar uma pequena minoria no meio de uma multidão de alunos. No passado, ensinava-se ciência para todos esperando que uns poucos futuros cientistas pudessem ser identificados precocemente. Os ensinamentos teriam utilidade futura apenas para eles. Para os demais, a grande maioria, o ensino de ciências era uma espécie de **placebo pedagógico** que tinha que ser ingerido durante alguns anos seguidos sem qualquer utilidade.

A ideia de "placebo pedagógico" está baseada em comparação com os experimentos da área médica. Para saber se um determinado remédio traz efeitos contra uma doença, por exemplo a gripe, ele é administrado a um grupo de voluntários que apresentam os mesmos sintomas. Uma parte deles recebe o remédio em teste e outra parte recebe as mesmas cápsulas, mas sem qualquer medicamento. Esse "remédio" é chamado de placebo. Desta forma, um placebo pedagógico poderia ser definido como uma série de conhecimentos que não têm rigorosamente nenhuma utilidade para o aluno. "A Terra se aproxima do Sol no Verão", um modelo errado, e mesmo um modelo correto, mas fora do alcance de compreensão dos alunos, são exemplos de placebos pedagógicos. Eles dão a impressão de que algo foi aprendido, mas não passam de frases (corretas ou não) que não fazem a menor diferença para o aluno.

O domínio dos fundamentos científicos hoje em dia é indispensável para poder realizar tarefas tão triviais como ler um jornal ou assistir televisão. Da mesma forma, decisões a respeito de questões ambientais por exemplo, não podem prescindir da informação científica, que deve estar ao alcance de todos. Um exemplo, trágico e extremo, pode ser localizado no acidente ocorrido em setembro de 1987, em Goiânia (GO). Um aparelho de radioterapia abandonado foi levado por dois catadores de papel e revendido a um ferro-velho. O cilindro que continha Césio-137[2], com 3,6 centímetros de diâ-

---

[2] Trata-se de um elemento radioativo, que emite partículas-Beta. A desintegração de parte de seu núcleo (nêutrons) origina partículas de alta energia. Essas partículas provocam reações químicas nas células que atingem, destruindo partes de seu material genético. A meia-vida do Césio-137 é de trinta anos.

metro e 3 centímetros de altura, foi violado e o brilho azulado do pó de cloreto de Césio chamou a atenção do dono do ferro velho. Ele o levou para casa, distribuiu o pó para parentes e amigos, e o guardou em um armário. Nove dias depois, a esposa do dono do ferro-velho, colocou o cilindro radioativo violado dentro de um saco plástico e o levou, de ônibus, a um Centro de Vigilância Sanitária, suspeitando que ele pudesse ser a causa do mal estar dos familiares. O acidente causou quatro mortes no espaço de trinta dias, inclusive de uma criança de seis anos, que espalhou o pó pelo corpo e o ingeriu, contaminou cerca de 250 pessoas e uma dezena de localidades. Essas pessoas foram vítimas da falta de responsabilidade de quem permitiu que este material ficasse exposto, mas também pela falta de informação e de conhecimentos científicos necessários para viver em um mundo que reúne avanços tecnológicos notáveis. Essas informações e conhecimentos passam a ter cada vez mais importância e a escola não pode deixar de assumir a responsabilidade de torná-los acessíveis aos cidadãos.

A democratização do ensino de ciências, objetivo declarado de muitos governos e autoridades, aguarda ainda por soluções de diversos problemas nas relações do processo de ensino-aprendizagem, uma vez que é forçoso admitir que os resultados educacionais não têm sido promissores. Muitos estudos e testes internacionais comparativos[3] têm demonstrado que os estudantes não atingem os objetivos planejados. Fazer o estudante memorizar uma longa lista de fatos, muitas vezes nomes exóticos e pomposos, parece ser a única façanha que o modelo tradicional tem conseguido alcançar.

Não se admite mais que o ensino de ciências deva limitar-se a transmitir aos alunos notícias sobre os **produtos** da Ciência. A Ciência é muito mais uma **postura**, uma **forma de planejar e coordenar pensamento e ação** diante do desconhecido. O ensino de ciências deve, sobretudo, proporcionar a todos os estudantes a oportunidade de desenvolver capacidades que neles despertem a inquietação diante do desconhecido, buscando explicações lógicas e razoáveis, amparadas em elementos tangíveis, de maneira testável. Assim, os estudantes poderão desenvolver posturas críticas, realizar julgamentos e tomar decisões fundadas em critérios, tanto quanto possível objetivos, defensáveis, baseados em conhecimentos compartilhados por uma

---

[3] A Organização para Cooperação e Desenvolvimento Econômico (OECD) organiza testes comparativos de desempenho (PISA) que têm demonstrado que o desempenho de estudantes brasileiros em ciência, mesmo de escolas de elite, é muito baixo.

comunidade escolarizada definida de forma ampla. Portanto, os conteúdos selecionados pela escola têm grande importância, e devem ser ressignificados e percebidos em seu contexto educacional específico.

Deve-se reconhecer que a **Ciência** é diferente da **Disciplina Escolar Ciências**. A Ciência realizada no laboratório requer um conjunto de normas e posturas. Seu objetivo é encontrar resultados inéditos, que possam explicar o desconhecido. No entanto, quando a disciplina escolar Ciências é ministrada na sala de aula, outro conjunto de procedimentos se faz necessário, cujo objetivo é alcançar resultados *esperados*, aliás *planejados*, para que o estudante possa entender o que é conhecido. A Ciência **sabe como procurar**, mas **não conhece resultados de antemão**. A disciplina escolar Ciências, ao contrário, conhece muito bem quais são os **objetivos a encontrar**, mas as discussões de **como proceder** para alcançá-los apontam para diferentes caminhos e dependem de contextos culturais específicos. Existe, portanto uma diferença fundamental entre a comunicação de conhecimento em congressos científicos, entre cientistas, e a seleção e adaptação de parcelas desse conhecimento para ser utilizado na escola por professores e alunos.

Muitos professores se convenceram que os problemas enfrentados para ensinar ciências ocorriam apenas com eles. Ensinar ciências era, para eles, "difícil", presumindo que, para os outros, fosse "fácil". É hora de reconhecer que existem muitas dúvidas sobre como ensinar ciências e que o número de perguntas é muito maior do que o de respostas. Os dilemas encontrados não são problemas restritos a um tipo de profissional ou ao Brasil, uma vez que se repetem em diferentes contextos, em diferentes países.

Muitas perguntas antigas começam agora a ser enunciadas de maneira que possamos procurar respostas. Perguntas do tipo "*Por que a criança não aprende ciências?*" passaram muito tempo esperando por respostas de diferentes profissionais até que se permitissem reformulá-las para outras do tipo "*Quais são as explicações das crianças para a existência do dia e da noite?*", ou então "*Como as crianças explicam a reprodução de animais e de plantas?*". Passamos a entender que as crianças têm ideias lógicas e coerentes e que elas podem modificar essas ideias contando com contribuições da cultura acumulada pela humanidade, construindo modelos válidos no contexto científico da atualidade.

A PROPOSTA DO LIVRO

Este livro é dirigido aos professores que lidam com os estudantes no início de sua escolaridade formal no ensino fundamental e que desenvolvem os conteúdos das chamadas ciências naturais. Não se deve esperar por fórmulas mágicas de como ensinar este ou aquele conteúdo; não se deve esperar por tentativas de demonstrar erudição em todas as diferentes especialidades; não se deve esperar por normas rígidas e infalíveis de como proceder em qualquer situação. Não se espera, também, que o professor que milita nos anos iniciais do ensino fundamental tenha domínio da literatura acadêmica sobre pesquisas em ensino de ciências, embora esperemos despertar-lhe o interesse e mostrar a importância dessas pesquisas para o aperfeiçoamento do ensino.

Este livro procura sistematizar algumas certezas e algumas perspectivas para serem construídas e formuladas de maneira a incentivar os professores a procurar novas respostas a velhas perguntas. Ao mesmo tempo apresentamos algumas análises de situações didáticas e sugestões de trabalho que poderão orientar o professor a repensar sua prática cotidiana, tornando-a mais rica e estimulante. Para o professor que já está em atuação, essas sugestões talvez poderão ser utilizadas diretamente em sala de aula, trazendo inovações para sua prática. Para o estudante que estuda metodologia de ensino e que está realizando seu estágio supervisionado, elas poderão talvez servir como roteiros para atuação nas escolas-campo. Finalmente, para o estudante que começa sua formação, as sugestões poderão ser úteis nos momentos de realização de atividades práticas, como componente curricular, objeto frequente de dúvidas sobre como organizar essa parte do curso de formação inicial dos professores.

Por fim, seria necessário deixar claro desde o início que este livro nasceu da preocupação com o não-especialista, ou seja, com o estudante em seu curso de formação inicial, como também o professor em atuação, que tem em vista a atuação nos anos iniciais do ensino fundamental, e que não domina profundamente as áreas da Química, da Física, da Astronomia e da Biologia. Ao final do livro ficará evidente que ensinar e aprender ciências talvez não seja tão fácil quanto alguns poucos afirmavam, mas certamente se verá que não é tão difícil quanto muitos pensavam.

CAPÍTULO I – CONHECIMENTO: CIENTÍFICO E COTIDIANO

NÃO HÁ DÚVIDA DE QUE OS CONHECIMENTOS PRODUZIDOS PELA CIÊNCIA SÃO verdadeiros. Esta frase simples precisa, no entanto, ser entendida em sua profundidade. A Ciência não está amparada na verdade religiosa, nem na verdade filosófica, mas em certo tipo de verdade que é diferente dessas outras. Não é correta a imagem de que os conhecimentos científicos, por serem comumente fruto de experimentação e por terem uma base lógica, sejam "melhores" do que os demais conhecimentos. Tampouco se pode pensar que o conhecimento científico possa gerar verdades eternas e perenes.

Muitas pessoas que viveram na década de 60 perderam tonsilas, (antigamente chamadas de amígdalas), através de cirurgias que passariam a ser condenadas poucos anos depois. Naquela época, a Ciência via aqueles órgãos como inúteis, testemunhas do processo de evolução biológica. Em espécies ancestrais aqueles órgãos teriam tido alguma função, perdendo qualquer utilidade nas etapas subsequentes. Com as tonsilas era utilizado o mesmo raciocínio aplicado para outros órgãos, como o apêndice vermiforme, o conhecido órgão responsável pelas "apendicites". Mamíferos herbívoros, por exemplo, têm apêndices enormes e intestinos longos. Já mamíferos carnívoros têm apêndices pequenos e intestinos curtos. Assim, como a espécie humana não é herbívora (mesmo que macrobióticos e vegetarianos em geral discordem desta afirmação) ela não precisaria daquele órgão. Este raciocínio aplicado às tonsilas e, coincidindo com interesses comerciais de clínicas médicas privadas, resultou em cirurgias realizadas em boa parte da população que podia pagar por elas.

Além daquele argumento lógico dos órgãos vestigiais, existiam **evidências experimentais**. Pessoas sem as tonsilas tinham vida normal. Pessoas sem baço também. No entanto, passado algum tempo, percebeu-se que pessoas sem baço e sem tonsilas apresentavam resistência imunológica comprometida em alguns casos.

Faringites frequentes são o resultado mais comum entre aqueles que perderam suas tonsilas. Depois de se reconhecer que as tonsilas exercem uma importante função de defesa na porta de entrada do organismo, que é o trato digestivo, a recomendação da operação é muito mais restrita hoje em dia, sendo realizada apenas em último caso, depois de tentados outros meios possíveis de tratamento.

Este é um exemplo de que a experimentação e a base lógica da Ciência não lhe garantem a possibilidade de produzir conhecimentos inquestionáveis e válidos eternamente. Mas a grande questão é se outras formas de produção de conhecimento, sem a base experimental e lógica da Ciência, podem produzir conhecimentos válidos e igualmente verdadeiros. Para tanto, examinaremos dois exemplos.

I. SOBREVIVÊNCIA NEM SEMPRE CIENTÍFICA

Dificilmente existe uma forma mais rigorosa para saber se um conhecimento é verdadeiro do que testá-lo para saber se ele auxilia ou atrapalha a sobrevivência das pessoas que o detêm. É um teste muito duro!

Podemos imaginar duas situações fictícias. Um grupo de pessoas está perdido em alto-mar, após um naufrágio. Uma balsa com sobreviventes encontra frutos boiando na água, provavelmente uma carga transportada pelo próprio navio que se espalhou pelo mar depois que ele afundou. Como estão famintos, os náufragos se alimentam com os frutos até não aguentarem mais.

No mesmo dia, é encontrado um compartimento secreto na balsa contendo leite esterilizado. Todos estão sedentos e sabem que o leite é um ótimo alimento. Mas uma discussão se inicia no bote, uma vez que alguns argumentam que o consumo de leite poderá levar a problemas digestivos, talvez até à morte, para aqueles que acabaram de comer grande quantidade de mangas.

Haverá algum fundo de verdade na afirmação de que comer manga e leite faz muito mal? O que os náufragos deveriam fazer?

Esta questão costuma ensejar uma boa discussão. Decidem que os mais velhos do bote irão tomar o leite e, se nada lhes ocorrer, as crianças o tomarão algumas horas depois. Os velhos tomam o leite e nada sofrem, o que libera o consumo aos demais.

Mas, com um pouco de sorte, nossos náufragos conseguem chegar à uma pequena ilha deserta depois de mais alguns dias sem ter nada o que comer. Apesar do frio e da chuva, ficam contentes encontrando muitos pés de mandioca nativa na ilha. Famintos, resolvem começar a comer imediatamente a mandioca sem cozinhá-la, quando alguém diz que assim esse tipo de mandioca é venenosa e que deverão cozinhá-la antes de comê-la.

Será que é verdade que este tipo de mandioca crua é venenosa? O que os náufragos devem fazer?

Tivesse sido feito o teste com a mandioca crua, da mesma forma como com a manga, certamente teriam ocorrido alguns casos de envenenamento.

Esses são dois exemplos de conhecimento cotidiano, afirmações nas quais um grande grupo de pessoas acredita por uma razão muito simples: elas funcionam em condições específicas.

Há algum tempo atrás alguns escravos devem ter salvo suas vidas por não terem bebido o leite da ordenha após terem comido mangas e outras frutas, não pelo fato de que a mistura faz realmente mal mas porque era proibido pelos fazendeiros. Fala-se que essa história foi inventada por fazendeiros na época da escravidão, para evitar que os escravos bebessem o leite que retiravam das vacas.

Da mesma forma, muitos índios devem ter evitado problemas graves de saúde, até mesmo a morte, deixando de comer mandioca crua.

O que é interessante neste último caso é que os índios conseguiram estabelecer uma série de verdades sobre a mandioca, seu caráter venenoso por exemplo, e conseguiram ainda propor métodos para eliminar a toxicidade da planta através do processamento de suas raízes. Embora a Ciência não reconheça (e nem mesmo *conheça*) os métodos empregados pelos índios para produzir essas verdades, ela reconhece seus resultados. Os cientistas puderam comprovar que as mandiocas nativas são plantas rústicas, que não são atacadas por quase nenhuma praga de inseto, porque estão protegidas pela ação de venenos poderosíssimos, do grupo dos *cianogênicos*. Além disso, os métodos inventados pelos índios para processar a mandioca, como ralá-la, expô-la ao sol e torrá-la, são suficientes para destruir as substâncias venenosas nela presentes.

Estes exemplos procuraram mostrar que não se pode dizer que entre conhecimento cotidiano e científico exista contradição, ou mesmo que um seja correto e o outro errado em termos absolutos. Um filósofo[4] certa vez escreveu que o conhecimento cotidiano normalmente é analisado à luz do conhecimento científico, o que resulta em uma imagem negativa e deficiente. O caso da manga com leite, por exemplo, do ponto de vista científico é um desastre, não passa de uma verdadeira anedota. A própria designação do conhecimento cotidiano como "senso comum" é, em si, questionável, uma vez que existe uma certa conotação depreciativa na expressão.

No conhecimento cotidiano, existe coincidência entre causa e intenção, nada ocorre por mero acaso. Tudo é prático, aplicável, resulta em benefício individual imediato, as relações são perceptíveis e explicáveis, e não resultam da aplicação de qualquer método universalmente reconhecido e não se constitui qualquer disciplina acadêmica. Mas ele é visto como uma espécie de "denominador comum daquilo que um grupo ou um povo coletivamente acredita, ele tem, por isso uma vocação solidarista e transclassista". Não se trata, portanto, de hostilizá-lo na escola. O que esta instituição deve fazer é proporcionar acesso a outras formas de conhecimento que, muitas vezes, constituem explicações alternativas, quando não frontalmente opostas, às crenças da coletividade[5].

No entanto, os alunos têm o direito de saber que a manga e o leite não reagem quimicamente produzindo um veneno mortal, que isso está literalmente errado. Com a mandioca ocorre o contrário, e os alunos podem compreender não apenas a razão de evitar o consumo da mandioca crua como também a razão de as plantas de mandioca não serem devoradas por formigas e outros insetos. Contudo, a tarefa de diferenciar o conhecimento cotidiano do conhecimento científico não é fácil, pois isso deve ser feito mantendo o amálgama social representado pelas crenças de um povo.

---

[4] Santos, B. de S. Introdução a uma ciência pós-moderna. Rio de Janeiro, Graal, (1989).

[5] V. o artigo de Daisy Lara de Oliveira, "Considerações Sobre o Ensino de Ciências", p. 9-18 in Oliveira (org) Ciências nas Salas de Aula, Porto Alegre, Ed. Mediação, (1997).

2. ESPECIFICIDADES DO CONHECIMENTO COTIDIANO E DO CONHECIMENTO CIENTÍFICO

Ao evitar a expressão "senso comum" procura-se sedimentar a concepção ampla de conhecimento que emana de diferentes fontes. Os jovens têm acesso fácil àquilo que denominamos "conhecimento cotidiano" e não deixarão de tê-lo ao ingressarem na escola. Mas essa instituição é uma das poucas que tem por obrigação, constitucional inclusive, proporcionar o acesso a outras formas de conhecimento, como o artístico, cultural e científico. O conhecimento científico tem especificidades que o transformam em ferramenta poderosa no mundo moderno. Essas especificidades podem ser evidenciadas pelo contraste com o conhecimento cotidiano em cinco características principais.

Contradições: O conhecimento científico não convive pacificamente com as contradições. Toda vez que aparecem explicações diferentes para o mesmo fato podemos dizer que estamos diante de **hipóteses rivais**. O objetivo de uma será o de destruir a outra. Com o tempo, uma delas será esquecida, deixada de lado. Se um cientista procurar explicar os casos de anencefalia[6] registrados em Cubatão (SP) como devidos à poluição ele estará criando uma hipótese rival àquela que é aceita pela comunidade científica da atualidade. Não se conseguiu provar nenhuma relação entre poluição e anencefalia em Cubatão.

O conhecimento cotidiano, por outro lado, é muito permissivo com as contradições, chegando mesmo a ser sincrético. Ao afirmar que o conhecimento cotidiano é sincrético, pretende-se reconhecer que ele admite como válidas diferentes fontes de informação, como a religião, a cultura e até mesmo a ciência, o que geralmente conduz a situações contraditórias. Um exemplo bem conhecido pode ser localizado em situação corriqueira.

Ninguém duvida de que a herança determine as feições dos bebês. No entanto, quando a mulher grávida passa por vontades e elas não são satisfeitas, muitos falam e acreditam que o bebê possa nascer com "marcas" dessa vontade. O determinismo da herança é reconhecido, mas ao mesmo tempo procura-se compatibilizá-lo com outras formas de influências. Essa contradição não incomoda a coletividade, que tem nesse conhecimento uma forma de abrandar restrições, so-

---

[6] Anencefalia se refere a doença na qual a criança nasce sem o cérebro e não tem condições de sobreviver.

bretudo alimentares, às gestantes. Além disso, trata-se de uma maneira de cercar de maior atenção a mulher durante a gravidez, que se sente mais amparada pela família e pela coletividade. É evidente que a ciência não diz palavra alguma sobre essas crendices.

As contradições são normalmente enfrentadas pelo conhecimento científico de maneira a produzir embates de ideias. O conhecimento cotidiano procura, muito mais, interações entre as partes conflitantes.

Terminologia: O conhecimento científico tem muito orgulho da terminologia que utiliza e faz questão que ela seja entendida por todos os que dele fazem uso. Uma vez que o conhecimento científico se apresenta articulado em um conjunto de verdades e cresce em complexidade continuamente (com alguns momentos de ruptura, lembre-se das tonsilas), se faz necessário abreviar o tempo que se despende para alcançar seu limite. Para isso são criados termos que sintetizam ideias complexas, conhecidas por aqueles que dominam aquele ramo da ciência. Por exemplo, "vertebrado" é um animal que apresenta características bem definidas, além da presença de vértebras. O sistema nervoso de todos os vertebrados é dorsal (ou seja, está localizado nas "costas"). Uma mosca, que não apresenta vértebras, tem sistema nervoso ventral.

A terminologia científica não deveria ser vista simplesmente como um *uma maneira diferente de nomear fenômenos*, por duas razões.

Em primeiro lugar, se ela é vista como um código, trata-se de um **código de compactação** e não um **código criptográfico**. O código de compactação tenta juntar informação, agregando significados. O código criptográfico, por outro lado, procura esconder significados. Muitas vezes os dois códigos são confundidos, mas a diferença entre eles é profunda. Se alguém perguntar o ano em que este livro foi escrito e tiver como resposta @))(podemos concluir que estamos diante de um **código criptográfico**. Neste caso a chave do código é, no computador, apertar a tecla de letras maiúsculas ao mesmo em que se acionam aquelas teclas. O código traduzido seria então **2009**. Por outro lado, se for perguntado qual a diferença entre Homem e Chimpanzé e a resposta obtida for *"família"*, seria ingênuo pensar que existem diferentes famílias, como os Silva, os Pereira e outras como a dos chimpanzés. Estamos diante de outra forma de código, que **compacta** a informação. Aqui "família" tem uma definição muito precisa. O chimpanzé pertence à família *Pongidae* e o Homem à família *Hominidae*, que têm características bem definidas.

A terminologia científica não é apenas uma formalidade, mas uma maneira de compactar informação, de maneira precisa, que não se modifique com o tempo ou sofra influências regionais ou da moda de cada época. O termo "família", como o utilizamos há pouco, é entendido desta forma há cerca de 250 anos em todo o planeta.

O conhecimento cotidiano é mais flexível com relação aos termos que utiliza. Existem **variações regionais** na forma de nomear, como *mandioca, macaxeira* e *aipim*, que designam a mesma coisa em algumas regiões. Além disso, existe também superposição de significados de diferentes nomes. O significado literal de "*bicho*", por exemplo, pode ser tanto um dinossauro como uma pulga, mas não um ser humano. Muitos "bichos" são animais, mas não se pode dizer que as duas palavras sejam sinônimas. Na vida cotidiana, "animal" é uma palavra utilizada de forma muito ampla; pode-se encontrar uma placa na porta de uma loja com os dizeres "Não é permitida a entrada de animais". Isto não quer dizer que apenas vegetais possam entrar na loja! (a rigor, nem os próprios clientes poderiam entrar).

Portanto, existe profunda diferença semântica entre a terminologia utilizada no contexto científico e na vida cotidiana.

Independência de Contexto: O conhecimento científico busca afirmações generalizáveis, que possam ser aplicadas a diferentes situações. Quando um físico descreve a trajetória de um móvel, ele pode tanto ser um tatuzinho de jardim como uma sonda interplanetária.

O conhecimento cotidiano, por outro lado, está fortemente apegado aos contextos nos quais é produzido. Métodos para tratar a mandioca não podem ser aplicados para cogumelos, por exemplo. Por outro lado, todos os alimentos que apresentam o mesmo grupo de substâncias venenosas (os cianogênicos) têm recomendação similar da ciência para consumo alimentar (aquecimento, exposição ao ar, etc.). As folhas da mandioca, por exemplo, são descartadas como fonte de alimento pelo saber cotidiano, mas a ciência garante que são excelente alimento, tomadas as mesmas precauções daquelas em relação às raízes.

O conhecimento científico tem uma clara preferência pelo abstrato e pelo simbólico. Desta forma, os significados são arbitrários e são estabelecidos por convenções. Por exemplo, a química orgânica é regida por uma nomenclatura definida por um congresso de químicos, que estabeleceram que cada átomo de carbono a mais em uma molécula corresponderia a um determinado sufixo na denominação da substância. Assim, mesmo que alguém não conheça em detalhe a estrutura da molécula do metano, pode-se ter uma boa ideia apenas percebendo que existe o sufixo "*met*" naquele nome.

O conhecimento cotidiano, por outro lado, tem forte apego ao concreto e ao real. Isto implica significados menos arbitrários e mais autoevidentes à luz de determinada cultura e convenções sociais. É lícito pensar que o método encontrado pelos índios para comer mandioca tenha sido reconhecido como válido apenas para a mandioca.

Interdependência Conceitual: O conhecimento científico poderia talvez ser comparado a um castelo de cartas, não com referência à sua solidez, mas sim pela interdependência entre suas diversas partes. Isto significa que se uma teoria cair por terra, muitas outras serão afetadas. Por outro lado, existem vantagens. Basear-se em teorias anteriores faz com que a teoria posterior não deva testar todos fatos nos quais está baseada a teoria que lhe dá suporte.

Poucas pessoas duvidam da afirmação de que os seres vivos precisam de oxigênio na sua respiração. Ela reflete o resultado de milhões de experiências realizadas por milhares de cientistas com todos os seres vivos existentes no planeta? Será que, dentre as mais de quinze milhões de espécies diferentes existentes no planeta, algumas fogem da regra? Por que será que algumas dezenas delas não podem utilizar nitrogênio, por exemplo, um gás muito mais abundante na atmosfera do que o oxigênio?

Obviamente os cientistas não puderam testar todas as espécies do planeta quanto às suas necessidades de gases respiratórios, mas eles aceitam duas teorias importantes. Uma delas diz que todos os seres vivos estão organizados da mesma forma, constituídos por células. A outra diz que uma espécie descende de outra, tendo recebido, assim a mesma infraestrutura. Os componentes das células de dinossauros, pulgas, samambaias e orquídeas devem ser semelhantes por esta razão, o que nos leva a supor que tenham uma mesma "maquinaria" básica, que exige os mesmos insumos básicos para funcionar adequadamente. Existe ainda uma razão adicional para descartar o nitrogênio como gás importante na respiração de qualquer célula, uma vez que sua combinação com o hidrogênio e carbono produz substâncias tóxicas.

O conhecimento cotidiano, contrariamente, por ser extremamente dependente de contexto, não pode utilizar um conhecimento como base para outro. Nesse sentido é tanto verdade que "quanto mais melhor" quanto que "um é pouco, dois é bom e três é demais". Seria incabível realizar um concurso para saber qual dessas duas afirmações é correta. Subentende-se que o contexto dirá qual das duas frases é a correta. O contexto é visto como igualmente importante no exemplo da tecnologia de purificação da mandioca. Ninguém pensaria em utilizar o método de purificação da mandioca para preparar para consumo alimentar sementes tratadas com inseticida, por exemplo. O fato de o método funcionar num determinado contexto não permite aplicar as mesmas ideias em situações diferentes.

Socialização: Existe uma marcante diferença entre a maneira pela qual a maioria das pessoas trava contato com os conhecimentos cotidianos e com os conhecimentos científicos. Desde os primeiros meses de vida as crianças têm acesso ao conhecimento cotidiano e aprendem a nomear objetos, observar e interpretar fenômenos de maneira particular. Por exemplo, existem roupas "quentes" e roupas "frias", e a criança assim as reconhece e nomeia. Quando a criança terá a oportunidade de refletir sobre os pontos de vista da ciência sobre o que é calor e temperatura? Certamente apenas mais adiante em sua vida, possivelmente apenas na adolescência. Diversas pesquisas têm demonstrado que aquilo que se poderia chamar de "ensino de ciências bem sucedido" no sentido de que os jovens alcancem uma compreensão de fato dos conhecimentos científicos, só pode acontecer na adolescência, ao final da escolaridade pré-universitária ou mesmo nos primeiros anos da universidade. Em síntese, deve-se reconhecer que existe uma acentuada diferença na socialização dos conhecimentos. O conhecimento cotidiano é socializado precocemente na vida de todas as pessoas, enquanto que o conhecimento científico é socializado tardiamente, bem mais adiante na vida escolar dos jovens. Esta é uma constatação, não uma descrição do que seja certo ou errado.

Reconhece-se atualmente que a socialização do conhecimento científico deve ser acelerada, tornando-se mais eficiente. Isso não significa que as escolas devam apresentar conhecimentos científicos à maneira como ocorre em congressos de cientistas. A escola proporciona aproximações crescentemente complexas àquilo que os cientistas reconhecem como válido, mas esse caminho não é curto, tampouco fácil. Quando o professor diz a seu aluno de dez anos que seu peso é uma força e que sua massa é a quantidade de matéria de seu corpo, ele está proporcionando uma primeira aproximação a dois conceitos complexos e que só poderão ser plenamente dominados mais adiante na vida escolar, quando serão reformulados. Um cientista criticaria a definição de massa transmitida a esse aluno, mas dificilmente conseguiria fazê-lo entender o que a comunidade científica entende por massa atualmente. Portanto, uma aproximação dos conceitos científicos, tarefa própria da escola, não pode ser feita apenas levando-se em conta as características próprias do conhecimento, mas deve também levar em consideração as características dos alunos, a sua capacidade de raciocínio, seus conhecimentos prévios etc.

CAPÍTULO II – ENSINAR CIÊNCIAS

ANTIGAS REPRESENTAÇÕES SOBRE O ENSINO E APRENDIZAGEM DE CIÊNCIAS

Uma jovem mãe procura a professora logo após o término da primeira reunião de pais e mestres. Ela tinha gostado de ouvir o trabalho planejado para a quarta série e lhe adiantou que seus filhos, dois gêmeos muito parecidos, vinham de uma escola que, embora pequena, era muito "puxada em ciências". Não foi difícil para aquela professora identificar os filhos daquela senhora na sala de aula na manhã seguinte. Não fosse pelo fato de serem gêmeos, os únicos da classe, foram os que mais tentaram chamar a atenção para participar da aula de Ciências. Num primeiro momento foi possível entender o que aquela senhora chamava de uma escola "puxada em ciências". Discutiam a respeito do ar e um deles logo se prontificou: "O ar é uma mistura de gases insípida, incolor e inodora."

A professora pôde ver um pouco do mal provocado por um ensino que não se preocupa com o que se passa na mente do aluno, quando perguntou: "E o ar tem gosto?" O pequeno garoto, perplexo, olhou para o irmão procurando por alguma dica, e diante da falta de sucesso, admitiu desapontado: "Isso eu não aprendi, professora!"

Esse exemplo, verídico, nos mostra a importância de levar em consideração as expectativas que as famílias têm em relação à escola em geral e às aulas de ciências em particular. Ao procurar alterar a realidade educacional, é frequente que as famílias não sejam consideradas. Uma pesquisa realizada com pais e mães de alunos em uma escola privada revelou a importância dessa consideração.

Foi elaborado um questionário, remetido a cerca de 900 famílias de alunos da escola, tendo sido retornados cerca de 30% desse total. O questionário pedia para que os respondentes assinalassem a ordem de importância que conferiam a seis grandes objetivos educacionais, relacionados ao ensino de ciências, reproduzido abaixo:

> **Este questionário foi formulado para pesquisar as expectativas da família em relação à aprendizagem de seu (sua) filho (a) nas aulas de ciências da escola.**
>
> **Coloque o número 6 junto à frase que descreve o que a família acha mais importante que seu (sua) filho (a) realize nas aulas de ciências da escola e, de maneira descrescente, os números 5, 4, 3, 2 e 1 para o que a família julga ser menos importante que seu (sua) filho (a) realize nas aulas de ciências:**
>
> ( ) **Produzir um conhecimento pessoal sobre conceitos científicos, elaborando deduções de relações abstratas.**
> ( ) **Compreender conceitos científicos, interpretando seus enunciados e sabendo expressá-los em outros termos.**
> ( ) **Conhecer o enunciado de conceitos científicos e os meios de tratar dados concretos.**
> ( ) **Realizar julgamentos a partir de observações próprias ou utilizando critérios estabelecidos.**
> ( ) **Aplicar conhecimentos em situações concretas, levando em consideração elementos teóricos e dados da realidade.**
> ( ) **Analisar formulações teóricas de conceitos científicos, sendo capaz de perceber os limites de sua validade.**

Cada uma das frases expressa um tipo de objetivo educacional em uma classificação bem conhecida[7], que entende os objetivos educacionais como hierarquias. Na base, como objetivo mais simples estaria a **memorização** de fatos, informações e meios de tratar dados em uma área particular. O passo seguinte seria a **compreensão**, que seria evidenciada pela produção de textos, orais ou escritos, com palavras próprias sobre a enunciação de conceitos, interpretando as informações e podendo inclusive extrapolar dados. Acima estaria a **aplicação**, evidenciada pela resolução de problemas, em situações conhecidas ou novas, a partir do domínio de informações e concei-

---
[7] A taxonomia dos objetivos educacionais da escola behaviorista estabelece três domínios: cognitivo, afetivo e psicomotor. V. Bloom, B. (org)Taxonomy of Educational Objectives, N.York, David MacKay Co.(1956).

tos. A **análise** de uma situação seria um objetivo educacional mais complexo, que envolveria operações mentais mais sofisticadas, estabelecendo relações entre dados concretos e elementos teóricos. A **síntese** seria um objetivo ainda mais sofisticado, que poderia ser evidenciado pela produção de textos próprios com uma versão pessoal de conceitos, planejamento de uma sequência de operações alinhadas com uma perspectiva teórica, e deduções de relações abstratas. No patamar mais elevado estaria a **avaliação**, evidenciada pela realização de julgamentos a partir de observações próprias ou levando em consideração as de terceiros, aplicando critérios mesmo que não reflitam seus próprios pontos de vista.[8]

A análise dos dados revelou que o objetivo educacional julgado mais importante do ponto de vista das famílias era o de memorização de fatos e informações, enquanto o menos importante era a capacidade de realizar julgamentos, sendo que os demais apareciam quase que exatamente em ordem inversa. Isso trouxe uma enorme surpresa para os professores daquela escola, que não imaginavam haver uma expectativa tão conservadora numa comunidade de classe média-alta, de pais engenheiros, médicos, empresários etc.[9]

Essa outra situação verídica nos mostra a importância de planejar a transformação da realidade educacional levando em consideração não apenas os alunos e a escola, mas também as famílias e a comunidade. Uma disciplina, e mesmo uma escola, não se transforma de maneira isolada; ao tentar fazê-lo aparece aos olhos da comunidade como instância bizarra ou defeituosa. A imagem de ciência que as famílias possuem deve ser problematizada pela escola como parte do repensar a educação, processo que deve envolver a comunidade.

I. ESCOLA "PUXADA EM CIÊNCIAS"

O que uma escola "**puxada em ciências**" deve fazer com seus alunos? Sem dúvida alguma existem diferentes respostas para essa pergunta. Pais, professores, alunos, diretores, supervisores de ensino, autores de livros didáticos e pesquisadores em didática, cer-

---

[8] Como essa hierarquia de objetivos educacionais está alinhada com uma perspectiva behaviourista (ou comportamentalista), os objetivos são formulados visando exibir comportamentos observáveis, daí o uso dos chamados "verbos de ação" exigidos por essa vertente teórica, e evitando outros, como "entender", cuja ação correspondente não pode ser percebida diretamente.

[9] Por motivos éticos, não será identificada a escola, que não autorizou a publicação dos dados. Pode-se dizer que é uma escola paulistana de elite, com famílias de classe média-alta e alta.

tamente apresentarão diferentes formas de encarar a questão. Em cada uma delas existem dois importantes suportes. De um lado existe uma concepção de **Educação**, uma visão de como fazer uma geração enfrentar o mundo que encontrará pela frente. De outro lado existe uma concepção do que é **Ciência**, como essa atividade humana deve ser vista.

Diferentes personagens do cenário escolar certamente defendem diferentes concepções de Educação e de Ciência. As concepções de Educação têm sido abordadas por diferentes publicações, uma vez que o assunto é extenso e profundo, afetando as mais diferentes formas de atuação social humana. Da mesma forma, as concepções de Ciência têm sido objeto de controvérsia há muitos anos e talvez não seja exagerado admitir que elas venham se aprofundando em anos recentes. Quando aquele pequeno aluno disse que não tinha aprendido se o ar tinha gosto, ele estava demonstrando o resultado de uma concepção de Educação e de Ciência que tinha tido acesso até então. Não poderia imaginar que existam outros tipos.

Não será difícil notar que para ele **aprender** significa **repetir o "certo"**. **Aprender ciências** parece ser **repetir palavras difíceis**. Até mesmo o significado das palavras parece não ser algo importante. As palavras difíceis parecem exercer uma estranha atração sobre os pequenos. Não fosse pela manifestação antecipada da mãe, poder-se-ia duvidar que eles encontrassem recompensa, na forma de admiração, ao recitar aquelas belas palavras em sua casa. Lá também havia uma concepção de **Educação** e de **Ciência**. Se não existem conflitos sérios entre a escola e as famílias dos estudantes, é lícito crer que as concepções de pais e escola sobre educação sejam bastante próximas. Os valores defendidos por pais e escola estão intimamente ligados com o resultado do ensino. É evidente que o exemplo escolhido na introdução deste capítulo não pretende convencer o leitor que toda e qualquer terminologia técnica deve ser abandonada. Veremos adiante que ela tem sentido e deve ser valorizada, mas diante de objetivos muito claros, que desenvolvam capacidades de compreensão no aluno, além da simples memorização de nomes complicados.

O esforço dos estudantes não deve ser canalizado unicamente em apresentar o resultado esperado pelo professor, mas desvendar os significados presentes naquele conhecimento. Se pudéssemos recuar no tempo e perguntar para aquelas crianças qual foi o **trabalho do cientista** ao estabelecer que o ar é "*uma mistura de* *gases insípida, incolor e inodora"*, muito provavelmente não passasse pela mente dos garotos que a grande novidade do fato, descoberto há pouco mais de duzentos anos, era a de que o ar era uma **mistura** de gases, em vez de um único. As propriedades do ar já eram conhecidas de todos há muito tempo. Desde a pré-história os hominídeos sabem que o ar não tem cor, não tem sabor, não tem cheiro. O que ninguém sabia era que aquilo que parecia ser "nada" era, na verdade, uma mistura de coisas diferentes. Diferentes ares se juntavam para formar um único ar, um "nada" único. Mas, como acreditar que o ar não tem cheiro se sentimos cheiros no ar? Como acreditar que não tem cor se podemos ver as nuvens? Certamente estas perguntas apareceriam para alunos que pensassem sobre o fato e não apenas repetissem as definições que lhe foram apresentadas.

O que deve ter chamado a atenção do garoto, no entanto, não foi o fato de o ar ser uma **mistura**. Descrever o ar como sendo uma *mistura* com uma série de diferentes qualificativos, todos eles aparentemente exóticos, parece ter algo em comum com a atividade do cientista, uma vez que ele deve dizer coisas que poucas pessoas podem entender. Nota-se aqui mais uma faceta dessa concepção de Ciência.

Quando perguntado se o ar tinha gosto o nosso garoto respondeu de forma sincera que não tinha aprendido ainda. Mas, na verdade, respondeu muito mais do que isso. Ele respondeu que não poderia acreditar que as perguntas *científicas* possam ser respondidas utilizando os próprios órgãos dos sentidos ou o próprio pensamento. Estudar ciências parece ser uma daquelas atividades que requerem registro profissional especial e, além disso, existe a crença, mesmo que apenas implícita, de que os cientistas já têm respostas para todas as perguntas possíveis, restando ao aprendiz apenas conhecê-las. Uma pergunta, fruto de uma mente infantil, pode ser tão instigante quanto a de qualquer cientista.

Certa vez fui perguntado por uma criança ruiva, de olhos profundamente verdes: "Por que não existem mamíferos verdes?". Até hoje não encontrei uma resposta razoável, mesmo tendo consultado diversos especialistas. O fato de marcianos serem frequentemente representados na forma de "homenzinhos verdes" é uma boa indicação de que todos reconhecem (mesmo inconscientemente) um mamífero verde como algo insólito.

Se aquele garoto que não sabia se o ar tinha gosto tivesse deixado de estudar numa escola tão "**puxada em ciências**" ele provavelmente teria respondido à pergunta sem problemas ou com bons problemas. Ele procurava por algo formalizado, uma resposta facilmente identificável como "**verdade científica**", ou talvez simplesmente **verdade**. Ele tentava satisfazer a expectativa que ele presumia estar no professor.

Porque muitos se contentam com essas "**verdades**" tão vazias de significado que os filhos levam para casa? Sem dúvida alguém gosta, alguém incentiva, alguém elogia, alguém avalia e dá nota. Em outras palavras, existe **motivação extrínseca**, ou seja, o aluno percebe que a realização de uma certa atitude desperta reações favoráveis à sua volta. É lógico pensar que ele se adaptará assim para corresponder às expectativas nele depositadas. Sempre existirá por parte dos professores e dos pais expectativas que serão percebidas; no entanto, não se trata de evitá-las ou anulá-las, mas sim de transformá-las. Essas novas expectativas dos alunos necessariamente trazem novas formas de propor atividades de apendizagem em ciências. Por outro lado, se o estudante entende a razão pela qual um animal morre se for deixado dentro de um recipiente fechado, sem renovação de ar, passa a ter outro tipo de interesse, que seria denominada motivação intrínseca. É importante incentivar os alunos a pensarem sobre os temas tratados, reconhecer suas conquistas em seu processo de aprendizagem e no engajamento e determinação na consecução de seus propósitos.

Uma comissão da Comunidade Européia, formada por especialistas em ensino de ciências de diferentes países, entende que a melhoria do ensino de ciências nos países da região deve incluir uma iniciação cada vez mais precoce à ciência. A seção que analisa o ensino de ciências para crianças tem o título de "quanto antes melhor", e um dos argumentos se funda justamente no desenvolvimento da motivação intrínseca. O relatório diz: "o ensino de ciências na escola primária tem um impacto de longo tempo. A escola primária corresponde ao tempo de construção da motivação intrínseca, associada a efeitos de longa duração, é o tempo em que as crianças têm um forte senso de curiosidade natural e é o tempo certo de prevenir o aparecimento de preconceitos".[10]

A mudança da prática pedagógica implica reconhecer que não é apenas o professor que deve modificar sua forma de ensi-

---

[10] O relatório "Science Education Now: a renewed pedagogy for the future of Europe", de autoria de Michel Rocard, Peter Csermeley, Doris Jorde, Dieter Lenzenm Harriet Walberg-Henriksson e Valerie Hemmo, (2007) pode ser encontrado em: http://ec.europa.eu/research/rtdinfo/index_en.html

nar, mas que uma série de ordenamentos na escola e na comunidade devem ser considerados ao mesmo tempo no sentido da sua transformação.

2. PESQUISAS EM ENSINO DE CIÊNCIAS

Muitas pessoas se surpreendem com o fato de que muitas pesquisas são realizadas para compreender os insucessos do ensino de ciências e procurar por alternativas eficazes. Uma referência obrigatória, nesse sentido, é o livro publicado pelo biólogo suíço Jean Piaget em 1926, "A Representação do Mundo na Criança", no qual ele demonstra a grande atenção com a qual a fala infantil deve ser ouvida e a estrutura lógica de seu pensamento. O impacto de suas propostas demoraria quase trinta anos para atingir os Estados Unidos quando, então, houve grande repercussão de seu trabalho. A pesquisa atual é também tributária dos grandes avanços proporcionados por uma série de achados na década de 1970.

3. UM BREVE PANORAMA GERAL DAS PESQUISAS

Em 1973 Rosalind Driver completou seu doutorado na Universidade de Illinois, orientada por Jack Easley, um especialista em Piaget, depois de ter se graduado em Física na Universidade de Manchester. O resultado de seu trabalho, que foi publicado em 1978, sedimentou a ideia de que as concepções dos estudantes não são aproximações imperfeitas de um ideal científico adulto, mas são molduras teóricas coerentes com sua experiência e que devem ser entendidas em sua complexidade, sem o que o ensino corre o risco de ser ineficiente.

As ideias dos estudantes passaram a ser intensamente estudadas, recebendo diferentes nomes. Diferentes estudos adotam terminologia específica, que nem sempre se refere ao mesmo escopo de argumentos apresentados pelos estudantes. As ideias são por vezes denominadas "crenças", "ideias", "preconcepções", "pontos de vista", "conhecimento prévio", "molduras teóricas alternativas" (termo muito utilizado por Ros Driver), "molduras teóricas conceituais", "cosmografias", "ecologias intelectuais", "concepções errôneas" ("misconceptions"), "concepções alternativas", "ciência das crianças", "constructos pessoais", "orientação pessoal para o aprendizado científico". Easley não gostava do termo "misconceptions", preferindo os termos "alternative conceptions" e mesmo "ideias das crianças", que adotamos neste livro. Existem diferentes razões que justificam essa terminologia diversificada, mas de uma forma geral pode-se considerá-la uma boa indicação da riqueza e diversidade de estudos realizados nos últimos quarenta anos e que podem ser divididas em três grandes grupos.

Em primeiro lugar, ainda nos anos 70, houve crescente número de estudos para saber quais eram as ideias das crianças em relação a diferentes fenômenos naturais relacionados com o conhecimento científico. A literatura chama esses estudos de "nomologias", pesquisas que tratam as ideias dos jovens como fenômenos, de certa forma, naturais, que não estariam de acordo com os conceitos científicos. Sem qualquer exagero, em duas décadas, foram publicadas mais de três mil pesquisas em todo mundo, e organizados três congressos científicos especificamente para a apresentação dessas pesquisas. Chegou-se mesmo a cunhar a expressão "indústria das misconceptions", dada a profusão de estudos da área.

A pesquisa sobre as concepções "errôneas" ("misconceptions"), ou "concepções alternativas", revelou que os alunos podem construir ideias muito diferentes daquelas que o professor pretendia durante o ensino. Por exemplo, certos livros didáticos trazem duas definições muito precisas, uma delas é a de que **os seres vivos são compostos de células** e os **seres brutos são constituídos de átomos**. As duas frases estão rigorosamente certas, mas terão como resultado de seu ensino, na maneira habitual, uma concepção errônea. Se perguntados se os seres brutos têm células, os alunos respondem prontamente que não. Sua indução é acertada. Mas se perguntados se os seres vivos têm átomos, eles respondem da mesma forma, acreditando ser a recíproca verdadeira, e nisso recaem em erro. Essa é uma típica "misconception", uma vez que tem sua origem na escola, nos conteúdos escolares, na forma de associar esses conteúdos de forma imprópria. Tivesse sido dito que os seres vivos têm átomos, moléculas e células, talvez a confusão não tivesse sido estabelecida.

As pesquisas revelaram, por outro lado, concepções de outra natureza, que foram chamadas "espontâneas" ou "alternativas", de certa forma conhecidas desde o livro fundante de Jean Piaget, de 1926. Quando a criança afirma que "a água tem vida" ela não se refere a uma definição adquirida na escola, como resultado de atividades explícitas de ensino. Ela se refere à uma categoria "*coisas com vida*", que pode significar "*coisas com movimento*" ou mesmo "*coisas com utilidade*", ou ainda "*coisas com brilho*". A criança desenvolveu essa conclusão independentemente daquilo que a professora disse e ela tem um significado pessoal e razões específicas que a justificam. Essas ideias têm uma lógica, sendo normalmente expressas por **argumentos conceituais** que se utilizam de **categorias** diferentes daquelas que reconhecemos. Por isso ela é entendida como uma "lógica alternativa" e não um simples erro.

A segunda grande área de pesquisas sobre ensino de ciências está relacionada à forma como as ideias dos estudantes são influenciadas pelos procedimentos escolares. São os chamados estudos "ideográficos", ou "iluminativos", que frequentemente se valem de diferentes tipos de registros. O objetivo desses estudos não é o de prever reações ou resultados, mas muito mais entender os pontos de vista dos estudantes dentro de sua perspectiva, e não na da ciência ou do professor. A alimentação das plantas, por exemplo, é uma área muito importante para pesquisas com jovens de diferentes idades. Diversos estudos já revelaram que crianças pequenas têm uma concepção antropomórfica da planta, frequentemente retratada em livros infantis. A flor é vista como a cabeça da planta, por onde ela vê, fala, respira. É comum que a criança "dê" água para uma plantinha despejando-a sobre a flor, acreditando que a parcela que cai na terra esteja sendo irremediavelmente perdida. Alunos com mais idade, por sua vez, já têm outras ideias sobre o desenvolvimento das plantas e frequentemente acreditam que a terra seja seu "alimento", mantendo uma perspectiva antropomórfica. Da mesma forma como os seres humanos retiram dos alimentos a energia de que precisam para viver, eles pensam que uma planta bem adubada, mesmo mantida no escuro, possa manter-se bem "nutrida". A interação com o mundo adulto, novamente, é determinante na evolução conceitual da criança. Fala-se do adubo como "nutriente", o que induz a própria analogia antropomórfica. Dificilmente o aluno se depara com uma fala adulta que aponta para uma planta ao sol "nutrindo-se" de luz e gás carbônico. Aqui vemos como essas pesquisas têm relevância para o professor, que pode realizar levantamentos com seus alunos e verificar a presença dessas ideias e de formas de explicar diferentes situações.

A terceira grande área, e mais recente, tem um enfoque que tem sido chamado de "sociológico". Ele se refere ao estudo de "culturas", fundadas em tradições e visões de mundo, onde o aprendiz é interpretado como membro de uma comunidade mais ampla, que exerce influências múltiplas sobre ele e sobre as formas coletivas de interpretação do mundo. Ao pesquisar o que os estudantes entendem por "evolução", um professor pode se deparar com diferentes interpretações da palavra, sendo ainda possível que a criança tenha criado algum significado individual para ela. Aqui falamos de **fatores sociolinguísticos**, que dependem da influência das diferentes culturas e convenções sociais a que os indivíduos estão habitualmente expostos. Por exemplo, existem diferentes formas de conceber e explicar a origem da vida e do universo, e seria ingênuo esperar que uma simples explicação do professor, por melhor e mais plausível que seja, possa ser suficiente para modificar crenças compartilhadas por toda a esfera de relações dos alunos.

Em 1982 foi proposto um modelo que pretendia explicar a aprendizagem dos estudantes na área específica das ciências, que foi denominado "mudança conceitual". Esse modelo pressupunha que a aprendizagem é, em essência, uma atividade inteiramente racional, isto é, um conjunto de atividades presididas por uma certa lógica inescapável. Argumentos racionais, justificáveis, plausíveis e demonstráveis, quando apresentados aos estudantes, seriam suficientes para fazê-los mudar de ponto de vista, abandonando suas ideias anteriores e passando a adotar as ideias aceitas pela ciência.

Nesse modelo — e essa é uma das principais críticas a ele — a mente humana está dissociada da pessoa, isto é, ela é "programada" a partir de elementos externos que podem se mostrar "melhores" dos já existentes. O estudante é visto como uma entidade a ser modificada, no sentido de substituir elementos nele existentes, que poderiam ser aferidos ao final do processo de aprendizagem, quando procedimentos de avaliação poderiam dizer se o aluno deve reiniciar o período de estudos ou se pode seguir adiante. O que tem importância muito grande, nessa perspectiva, não é tanto a experiência do aluno, sua bagagem intelectual ou sua visão de mundo, mas sobretudo o planejamento curricular a que se pretende expor o estudante de forma a proporcionar-lhe a oportunidade de modificar suas ideias, abandonando antigas, recolocando em seu lugar as novas, proporcionadas pela ciência.

Diversos questionamentos têm sido levantados a essa forma de conceber o ensino e a própria aprendizagem das ciências. De uma forma simplificada, pode-se dizer que as premissas do modelo, que toma os estudantes como entidades desprovidas de emoção e sentimento, podem ser criticados. Além disso, diversos estudos têm demonstrado que essa alternância de ideias vivas e extintas, denominada "vicariância cognitiva", dificilmente pode ser encontrada em entrevistas realizadas com estudantes. De certa forma, podemos dizer que a década de 1990 ofereceu a oportunidade de repensar os modelos da década anterior. Novas ideias surgiram e outros modelos se mostram mais válidos ao descrever e aprendizagem de conteúdos científicos.

Esse movimento foi importante para sedimentar um dos maiores consensos entre os pesquisadores do ensino de ciências, que é o de que as atividades de ensino-aprendizagem devem levar em consideração o conhecimento prévio das crianças. Uma grande quantidade de trabalhos mostrou como é possível identificar as concepções das crianças sobre os mais diferentes fenômenos. Muitos pesquisadores reconhecem que não se trata, no entanto, de identificar essas concepções para "trocá-las" pelas concepções dos cientistas. Muitos estudos têm demonstrado a coexistência de concepções pré-existentes e as científicas, originadas no contato escolar. Há, na literatura mais recente, a tendência de identificar "ecologias intelectuais", nas quais o aprendiz forma uma complexa teia de relações entre os conhecimentos pré-existentes e os adquiridos nas atividades escolares [11].

Essas perspectivas mais recentes colocam em dúvida as visões estritamente objetivistas de conhecimento, ou seja, nos mostram que há certa flexibilidade nas versões de conhecimento, de duas maneiras. Primeiro, não existe uma realidade dissociada do sujeito, ou seja, algo que basta "olhar para ver". A própria observação é uma atividade cognitiva na qual o observador participa ativamente. Assim, o que a criança percebe nem sempre coincide com o que o professor lhe está mostrando. Mas, indo além, é preciso reconhecer que, mesmo quando cientistas se referem certos conceitos, como "espécie biológica" ou "energia", dois conceitos centrais para a ciência, eles não têm uma compreensão única nem mesmo da própria enunciação.

Por outro lado, diversos autores nos mostraram os riscos de confundir essa complexidade com mero desconhecimento, apontando para a diferença entre uma formulação obscura (no sentido de pouco compreensível) e uma formulação profunda. Nem sempre as formulações obscuras são profundas[12]. É necessário reconhecer um

---

[11] V. Por exemplo, Limón, M, L. Mason & M. Limsn (eds.) Reconsidering conceptual change: issues in theory and practice. Dordrecht. The Netherlands: Kluwer (2ª. Ed), (2009).

dinamismo intrínseco do conhecimento, no tempo e no espaço, que expõe a importância dos contextos de sua utilização. O "construtivismo contextual", como tem sido chamado, toma como ponto de partida a riqueza sociocultural do ambiente intelectual dos estudantes.[13]

4. A "CIÊNCIA DAS CRIANÇAS": UM EXEMPLO BRASILEIRO

Muitas pesquisas demonstraram que os estudantes têm ideias muito mais articuladas do que se pensava, mesmo após os estudos de Piaget. O conhecimento que alunos têm sobre a reprodução dos seres vivos pode servir de exemplo. Apesar de parecer, à primeira vista, que o aluno nada sabe, uma série de perguntas pode revelar uma situação muito diferente. Por vezes, o aluno "aprende" durante a própria entrevista, quando o pesquisador explora as respostas do entrevistado. Trata-se de um relato de pesquisa e não pode ser confundida com uma situação de aprendizagem embora ela ocorra em muitos momentos. O que deve ser transferível para atividades organizadas pelo professor é a abertura de diálogo com as ideias infantis e a importância de explorá-las na escola.

A entrevista com um jovem estudante (Robison), apresentada em trechos selecionados a seguir[14], procura evidenciar suas ideias sobre reprodução sexual (N = pesquisador, J = jovem).

Neste primeiro excerto, o jovem fala sobre o que pensa a respeito da reprodução das plantas. De início ele localiza a raiz como órgão de reprodução. Estimulado pelas perguntas, ele mostra perceber a relação entre a semente do feijão e o feijoeiro, mas parece não perceber a função da flor para a reprodução das plantas. O jovem tem 13 anos, estuda numa escola pública da periferia e foi retido na primeira e na segunda séries. Sua mãe é faxineira e seu pai está desempregado.

---

[12] V. por exemplo, Brickmont. J e A. Sokal, Imposturas Intelectuais. São Paulo, Record, (2006).

[13] É possível encontrar na internet o seguinte artigo: El-Hani C, & Bizzo, N. Formas de Construtivismo: Mudança Conceitual e Construtivismo Contextual. Ensaio. Pesquisa em Educação em Ciências, Belo Horizonte-MG, v. 4, n. I, p. I-25, (2002).

[14] A entrevista completa, junto a outras, pode ser encontrada em: Bizzo, N. Meninos do Brasil: ideias de reprodução, eugenia e cidadania na escola. Tese de Livre-Docência apresentada à Faculdade de Educação da USP, São Paulo, (1994).

N — Estou interessado em saber o que você acha de plantas e bichos. Você conhece muitas plantas?
J — Não (...) Minha mãe tem uma daquela. (aponta para uma planta na sala)
N — Esta planta se chama comigo-ninguém-pode, e esta, banana de macaco. Muito bem. E bichos, você conhece muitos bichos?
J — Conheço cachorro, gato... inclusive eu tenho dois gatos.
N — E bicho pequeno. Que bicho você conhece?
J — Rato, coelho.
N — E menor ainda do que isto?
J — Conheço lagartixa, barata.
(...)
N — Como é que todos esses bichos e todas essas plantas que você conhece, como é que eles fazem para ter filhos?
J — As plantas eu acho que é pela raiz.
N — Pela raiz? Então, me explica como é isto aí.
J — A gente planta uma planta, daí daquela planta a raiz vai crescendo. Vai se espalhando por toda a terra.
(...)
N — E feijão, por exemplo, você conhece feijão, não conhece? Já plantou feijão?
J — Já, algumas vezes.
N — Como é que uma planta de feijão tem uma planta-filha?
J — Eu acho que é pela chuva, que a gente joga o feijão, daí choveu, "coisa" ali, daí a raiz vai saindo para fora.
N — Vai saindo para fora, aí vai crescendo a planta. E para esta plantinha ter um outro filho, como é que faz?
J — Eu acho que dá feijão, aí nós vamos, tiramos...
N — Ah, entendi. Aí dá feijão?
J — Isso.
N — Agora eu quero que você me explique como é que faz para dar o feijão.
J — Acho que vai crescendo a vagem, e ali vai crescendo o feijão
N — Entendi. Agora, onde é que aparece esta vagem?
(...)
J — Acho que sim, é uma florzinha bem pequena, daí aquela florzinha cai e daí sai a vagem.
N — Ah! É daí que sai a vagem? O que você acha que tem a ver a flor com a vagem?
J — Eu acho que quando aquela flor cai, a vagem começa a sair daí.

Neste trecho pode-se perceber que Robison detém muitas informações e experiências e reformula suas ideias durante a própria entrevista. O tradicional experimento sobre o pé de feijão parece ter sido realizado diversas vezes, o que forneceu informações importantes, mas que não foram sistematizadas de forma conveniente. A seguir, o pesquisador procura verificar se o jovem já utiliza argumentos conceituais e realiza generalizações sobre a reprodução das plantas.

N — *Agora fale uma outra planta que tem flor.*
J — *Pé de limão.*
N — *Muito bom. Você conhece pé de limão?*
J — *Eu já tive um lá em casa.*
N — *E seu limoeiro dava flor?*
J — *Dava.*
N — *E dava limão também?*
J — *Dava bastante.*
N — *O que tinha mais, flor ou limão?*
J — *Os dois.*
N — *A é? E lá também tinha algo a ver a flor com o limão?*
J — *Acho que sim, porque da onde a flor caía, nascia o limão.*[15]
N — *Você já viu alguma vez nascer um limão de um lugar aonde não havia flor?*
J — *Vi uma vez.*
N — *A é, nasceu limão sem flor nenhuma?*
J — *É, nasceu pelo galho mesmo.*[16]
N — *Os seus limões tinham semente?*
J — *Tinham.*
N — *Se você plantar aquelas sementes, o que é que nasce?*
J — *Nasce pé de limão de novo.*
N — *Olhe que engraçado: tem a flor, tem a semente e aí nasce a plantinha.*
J — *Certo.*
N — *Agora você já viu que tem outro jeito de nascer planta sem ser através de raiz. Lembra que você me falou que era só através de raiz? Agora você já viu que se tiver uma flor e tiver uma semente pode aparecer uma plantinha nova, né?*
J — *Isso...*

---

[15] Note-se que o garoto não reconhece elementos de continuidade entre flor e fruto. As flores parecem apenas sinalizar onde aparecerá o fruto.

[16] Aqui se confirma a falta de continuidade flor-fruto. A ligação não seria obrigatória.

Este trecho mostra como o jovem detém elementos de observação, mas a simples reflexão proporcionada pela entrevista suscita uma análise desses elementos. A ideia inicial que a reprodução dos vegetais se dá "pela raiz" demonstra estar amparada sobre uma base de dados ampla, disponível para elaborar um conceito sobre reprodução vegetal, que parece não estar ainda formado.

O pesquisador verifica, no trecho seguinte, se o jovem aplica aos animais os mesmos argumentos que apresenta para as plantas. Isso é importante porque a Biologia tem conceitos e modelos que se referem aos "seres vivos" de uma forma geral. Mas, o interessante neste trecho é perceber que o garoto reconhece sexo na reprodução como sinônimo de "intercurso sexual" (cópula com inserção peniana), e assim, afirma não reconhecer "sexo" na reprodução onde a fecundação é externa (caso da maioria dos peixes). Curiosamente, este jovem reconhece ainda um outro tipo de reprodução onde não existiria a necessidade de nenhum tipo de intercurso sexual entre macho e fêmea, que o jovem exemplifica com a galinha e a lagartixa.

N — *Agora vou perguntar umas coisas que você sabe, que com certeza você já pensou. Bom, você falou que tem gato, né?*

J — *Sim senhor.*

N — *Como é que faz para o gato ter filhote?*

J — *(risada) É através do sexo.*[17]

N — *Através do sexo, muito bem. Quantos gatos precisa para fazer um filhote?*

J — *Dois.*

N — *Um macho e...*

J — *...uma fêmea.*

(...)

N – *Existe algum bicho que não se reproduza desta forma*[18]*?*

J — *Tem sim, o peixe.*

N — *Como é que o peixe se reproduz? Tem sexo no peixe?*

J — *Não. A fêmea solta um negócio na água.*

N — *Esse negócio é o quê?*

J — *Isso eu não sei.*

N — *É ovo, ou é uma coisa diferente de ovo?*

---

[17] Note-se como a perngunta foi respondida de pronto. "Através do sexo" significa "através da cópula", e não necessariamente "sexualmente".

[18] Neste caso, há duas possibilidades lógicas de referência a "desta forma": reprodução em que são necessários macho e fêmea e reprodução em que há intercurso sexual. Robison se refere a este último.

J — É uma coisa diferente. Eu acho que são alguns ovos e o peixe deixa outro negócio na água, e se mistura com os ovos e, depois de algum tempo, nasce os peixinhos.[19]

N — Mas se tiver uma fêmea sozinha, dá para ter filhote?

J — Não.

N — Não dá? Tem que ter o macho?

J — Tem.

Note-se a firmeza da resposta da próxima pergunta e como o entrevistador forçará uma resposta diferente a seguir.

N — Mas eles não fazem sexo?

J — Não.

(...)

N — Me diz outro bicho que precisa de macho e fêmea para ter filhote.

J — Eu acho que o urso.

N —Isto. E você já viu algum?

J — Não.

N — E cavalo?

J — É, cavalo também.

N — Vaca, e galinha?

J — Galinha... não sei não.

N — Você já teve galinha em casa?

J — Não.

N — Nunca teve. E você acha que galinha pode... que eles fazem sexo também?

J — Eu acho que não.

N — Você acha que não? E o pintinho, como é que nasce? Você acha que a galinha pode botar o ovo...

J — Eu acho que a galinha pode botar o ovo sem ter cruzado com o galo.

N — Mas esse ovo pode dar filhote?

J — Pode.[20]

N — Você acha que a galinha pode ter filhote mesmo sem conhecer um galo? E dê exemplo de um outro bicho que também pode ter filhote sem conhecer o macho, só ele sozinho. Você me falou um monte de bicho, por exemplo a lagartixa, você acha que a lagartixa precisa do macho e da fêmea, que eles fazem sexo ou não?

---

[19] Note-se como Robison descreve uma reprodução sexual com fecundação externa, entendendo que ela não envolve "sexo".

[20] Novamente a reprodução sexual é entendida como "reprodução a partir de uma cópula".

J — Eu acho que eles não fazem.
N — E como nascem as lagartixas?
J — Através de um ovo.
N — A fêmea bota um ovo...
J — Sozinha.
N — Então para que serve o macho?
J — Não sei.
N — Ele não deve fazer nada, né?
J — (risada) É.

Nesta altura, o pesquisador já compreendeu a maneira pela qual este jovem conceitua a reprodução sexual e os animais que a apresentam. Passa então a investigar qual o critério que deve estar sendo utilizado pelo jovem para determinar quais os animais "cruzam" e quais "não cruzam" e reformula sua opinião sobre a reprodução dos peixes:

N — Agora eu estou curioso em saber o que você acha de bicho que cruza e bicho que não cruza. Que bicho que você acha que não cruza? A lagartixa, a galinha, qual o outro?
J — O cupim.
N — Você acha que o cupim não cruza? Então como é que nasce o cupim?
J — Pela rainha.
N — Então a rainha vai botando ovo, ovo, ovo?
J — Isso.
N — Então tem o cupinzeiro, e como é que vai nascer outro cupinzeiro?
J — A rainha vai pondo os ovos, e os cupins vão tirando os ovos, (...). Eu acho que os cupins vão crescer e fazer outro cupinzeiro.
(...)
N — E o peixe, você acha que ele tem algo do macho no ovo do qual nasce o filhote?
J — Tem sim,
N — E isso é sexo? Os peixes também precisam de sexo para a reprodução?
J — Acho que têm sexo. Têm sim.
N — Não deve ser muito divertido, né, mas deve ser sexo também, né?
J — É sim.

O pesquisador provocou, de certa forma, uma modificação no modelo do jovem, que parece rever sua postura e passa a explorar a extensão da concepção copulatória de reprodução sexual, explorando critérios prováveis. O primeiro critério explorado é o tamanho. Ao final, o próprio jovem reconhece que aprendeu com a entrevista, mesmo sem ter sido "ensinado" pelo pesquisador. Ele revela que gostou da entrevista, uma opinião frequente entre estudantes entrevistados.

N — *Você gostou da entrevista?*
J — *Gostei. (...) Conheci mais coisas sobre os bichos e as plantas.*
N — *Mas eu não te falei nada?*
J — *Eu sei, mas eu conheci.*

Esta entrevista permite perceber que o jovem tem uma série de informações, muitas delas provenientes da televisão, e as utiliza em um modelo muito coerente. Para ele, "sexo" é sinônimo de cópula, que, por sua vez, refere-se à "produção de filhotes". Portanto, este jovem concebe um modelo coerente, aplicável à maioria dos animais domésticos, como gatos, cães, gado etc. Esse modelo provavelmente reflete o domínio do conceito de **mamífero**, um conceito que está intimamente ligado à forma de reprodução dos animais. Se o conceito de mamífero está bem estabelecido, o mesmo não pode ser dito daquele de aves e répteis, por exemplo. As galinhas não são inseridas na categoria de animais com reprodução sexual provavelmente porque suas cloacas pouco se parecem com os órgãos genitais dos mamíferos e a produção de ovos ocorre de forma independente da ocorrência de cópula[21].

As plantas, na concepção deste jovem, pouco têm em comum com os animais no tocante à reprodução. De fato, "produção de filhotes" parece ser uma metáfora mal compreendida, quando aplicada aos vegetais. O jovem conhece os feijões, mas dificilmente os reconhece como as sementes, os locais onde estão alojados os embriões da planta, envoltos em substância nutritiva. A semente é o ovo da planta, dizia Lineu, o grande biólogo sueco que sistematizou a nomenclatura biológica.

5. A "CIÊNCIA DAS CRIANÇAS": UM EXEMPLO EUROPEU

O exemplo que acabamos de mostrar pode nos levar a pensar que a dissociação entre o que ele nos expôs na entrevista e o que lhe foi ensinado seja explicado por algum tipo de precariedade brasileira. Ele é de uma família pobre, mora na periferia de uma gran-

---

[21] No caso da galinha, a postura de ovos é constante, mesmo sem ocorrência de cópula. Apenas com ela é que surgirão ovos férteis ("ovo galado"), onde se desenvolverão pintinhos.

de cidade brasileira, estuda em uma escola pública com uma série de precariedades. No entanto, esses resultados estão plenamente de acordo com a literatura internacional, inclusive de países desenvolvidos. Isso pode ser evidenciado por outra entrevista, realizada pelo mesmo pesquisador, mas em um contexto completamente diferente.

A entrevista foi realizada em um local que foi muito estudado no passado por ser um importante jazigo fossilífero. Há livros publicados desde 1727, sobre os fósseis desse local, uma pequena vila nos contrafortes dos Alpes, na província de Verona, próximo da cidade de Vicenza, no Veneto (norte da Itália). No local há um museu de fósseis e as escolas de toda região incluem visitas ao lugar.

Os visitantes assistem a vídeos e palestras, ao mesmo tempo em que visitam a exposição. Além disso, são convidados a visitar a mina de fósseis, e a procurar fósseis nas montanhas de fragmentos de rocha calcárea retirada da lavra. Além disso, os moradores do lugarejo, como a jovem entrevistada, desde cedo aprendem a brincar procurando fósseis na região. Um lugarejo, chamado Spilecco, é particularmente rico em dentes de tubarão. As crianças têm, desde os primeiros contatos com a escola, contato com as explicações dos cientistas sobre os fósseis e as explicações de como foram parar ali.

Esse lugar é particularmente interessante – e isso explica o motivo dos inúmeros estudos realizados no local no passado – pois os fósseis documentam um ambiente praiano. Isso, em si, já seria bastante intrigante, pois a região fica a cerca de 800 metros acima do nível do mar. Mas, não bastasse isso, os fósseis são marcas de animais e plantas indiscutivelmente tropicais. Portanto, em um lugar que costuma ter neve no inverno, não deixa de ser interessante encontrar fósseis de seres vivos como "cocos da baía" – afinal, as palmeiras são características de lugares muito quentes – e animais de mares tropicais.

Naquele local há muitos basaltos colunares[22], que são identificados com atividade vulcânica no passado em meio aquático. Há inclusive locais turísticos, como a "cachoeira de basaltos", que é visitada por turistas.

---

[22] Os derrames de basalto se originam de vulcões e perdem calor lentamente, de fora para dentro. Com o resfriamento da larva, ocorre uma contração que produzindo rupturas, pode dar origem a colunas. Após o resfriamento, um derrame basáltico apresenta disjunção colunar em seu topo e em sua base. As colunas tendem a um formato hexagonal e são perpendiculares ao topo e à base do derrame.

O resfriamento da lava de um vulcão, em certas condições, pode dar origem a estruturas geométricas colunares de basalto. Com ação da erosão, formam-se fragmentos, que formam essa "cachoeira de basaltos" (foto da esquerda), próxima ao Monte Purga em Bolca. Ela é tomada como uma evidência da atividade de um vulcão no local. Os fragmentos de basalto são utilizados como tijolos há séculos pela população local (foto da direita).

As colunas de basalto, sob a ação erosiva das variações de temperatura, se rompem em pequenos fragmentos do tamanho de um tijolo e caem, cobrindo escarpas montanhosas. Assim, se formam as "cachoeiras de basaltos".

As crianças conhecem os nomes dos fósseis e sabem falar sobre sua idade, usando termos como "eoceno" e "cinquenta milhões de anos". No entanto, quando expõem suas ideias livremente, percebemos uma rica ecologia conceitual, na qual aparece uma teia conceitual bastante complexa. Vejamos alguns fragmentos da entrevista de uma menina de 10 anos de idade, cujo nome fictício é Alessia. Ela mora em Bolca e seu pai trabalha na própria vila, como gerente de uma oficina mecânica; sua mãe dedica-se a tarefas do lar. Ela estuda na escola do local, que fica a cerca de 300 m. do Museu dos Fósseis de Bolca.

A entrevista foi realizada no escritório da oficina mecânica, diante de seu pai, e foi gravada. Foram apresentadas algumas fotografias e exemplares de animais em resina. O objetivo da observação dos animais em resina era o de ter certeza que a jovem apresentaria opiniões que não seriam simplesmente a repetição daquilo que tinha sido aprendido na escola. Assim, poder-se-ia ter certeza que não havia sido estudada zoologia de maneira formal. Ao final da entrevista se solicitou que a entrevistada localizasse em uma reta do tempo alguns eventos.

Na entrevista o pesquisador (N) expõe algumas imagens de fósseis e animais em resina e ouve as respostas da jovem (A)[23]:

---

[23] A gravação foi realizada em italiano, com pouco recurso à variação dialetal utilizada na comunidade, e traduzida pelo pesquisador para a transcrição. O uso da norma culta é corrente nas escolas italianas e isso explica a razão das crianças terem respondido às perguntas sem recurso às formas dialetais.

(...)
N — *Agora vou te mostrar fotografias de alguns fósseis e quero ver se você conhece.*

N— *E essa planta, você já viu?* (mostrando a fotografia de uma planta fóssil do museu de Bolca).
J— *Sim, mas só em fotografia.*

N— *Agora te mostro uma outra fotografia. Você conhece?* (mostrando a foto do fóssil nffl 2 – Ceratoicthys).
J— *É o Peixe Anjo.* Hesitante, responde que sim com a cabeça.

N— *E esse você conhece esse fóssil?* (apresenta agora a foto do fóssil nffl 1).
J— *Não! Esse é que é o Peixe Anjo!* (reformulando a resposta anterior).

O peixe-anjo é um dos troféus da região, e distinguiu seus descobridores, que fazem parte de uma família radicada no local há pouco mais de 200 anos. Sucessivas gerações se empenharam na lavra dos fósseis e o "peixe-anjo" é motivo de orgulho para os habitantes do lugarejo.

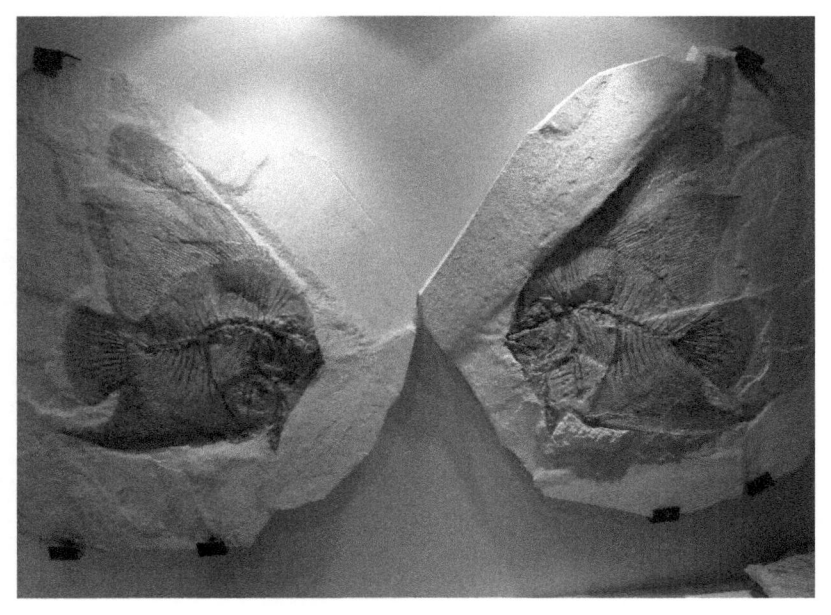

Foto do fóssil de peixe-anjo exposto no Museu dos Fósseis de Bolca (Verona, Itália).Com cerca de 60 cm de diâmetro, ele é considerado uma raridade local e espécies próximas habitam mares tropicais hoje em dia.

N — Apresentando a foto nffl 3. *Você conhece esse fóssil?*
J — *Não esse fóssil eu não conheço.*

N — Apresenta a foto nffl4. *Você conhece esse fóssil?*
J — *Acho que esse fóssil é de uma alga marinha.*

N — *Estou vendo que você conhece quase todos os fósseis, você tem ido ao Museu dos fósseis?*
J — *Todos os anos. Nós sempre vamos com a escola.*

N — *Eu tinha te mostrado essas duas fotos, do animal nffl 7 e do animal nffl 6. Agora vou te mostrar outro animal e quero saber se você conhece.*

N — *Você conhece esse animal?* (mostrando uma aranha em resina, um exemplar físico de uma aranha).
J — *Esse animal eu conheço. É uma aranha.*

N — *E você acha que a aranha se parece mais com a figura nffl 6 (besouro) ou com a figura nffl 7 (escorpião)?*
J — Responde apontando para o besouro.

Essa parte da entrevista tem uma grande importância metodológica, pois permite comprovar que a jovem se utiliza de classificações próprias, e não repete classificações eventualmente aprendidas na escola. Ao relacionar uma aranha (aracnídeo) a um besouro (inseto) e não a um escorpião (outro aracníeo), ela demonstra estar pensando de maneira autônoma e espontânea. Isso a habilita a seguir adiante na entrevista.

N — *Agora quero te perguntar sobre as plantas e animais que você viu no Museu. Quando você foi ao Museu, você encontrou animais e plantas. Você já tinha visto esses animais e plantas antes?*
J — *Não, de maneira alguma.*

N — *E como é possível que essas plantas e animais tenham sido encontrados aqui?*
J — *Uma vez havia um mar aqui e havia um vulcão. E do vulcão saiu muita lava e queimou esses animais e algumas dessas plantas*[24].

N — *Então, esses animais viviam aqui?*

---
[24] Note-se que há referência implícita sobre o processo de formação dos fósseis.

J — Sim, esses animais viviam aqui.

N — Esses animais eram muito diferentes dos animais que vivem hoje aqui?
J — Sim, eram muito diferentes.

N — E como é possível que esses animais, que não estavam acostumados ao frio do inverno daqui, vivessem aqui?
J — Sim, mas naquela época havia o vulcão[25] e ele também esquentava a água daqui.

N — Ah, entendi. Então, o vulcão esquentava a água e também a terra onde viviam os coqueiros... Nós não encontramos mais coqueiros por aqui hoje e você deve conhecer coqueiros da televisão ou de fotos. Você só pode ver coqueiros hoje nos lugares onde há muito calor. Mas eles viviam aqui?
A — Sim... por causa do vulcão.

É interessante como a ecologia intelectual dos estudantes da atualidade pode reproduzir os argumentos de pensadores do passado, mesmo que eles não tenham nenhuma notícia disso. Alessia não sabia, mas essa tese de que o vulcanismo local teria sido responsável por um microclima quente na região era antiga, e tinha sido defendida por Domenico Testa, em uma famosa polêmica com Alberto Fortis, no final do século XVIII. Os dois cientistas eram padres católicos italianos. A polêmica ganhou a forma de quatro cartas publicadas à época e que foram apresentadas à Royal Society de Londres. Fortis apresentava diversos argumentos contrários, entre eles a falta de correspondência entre os derrames de basalto e a deposição das camadas de calcário onde eram encontrados os fósseis. Mas, o fato, é que a explicação do calor local encontra nos vulcões uma referência muito lógica. Vejamos como segue a entrevista:

N — Então, o vulcão esquentava a água e também a terra. Esquentava o lugar todo.
J — A faz sinal de "sim" com a cabeça.
N — E como que essas plantas e animais viraram pedra? Eles

---

[25] A presença do vulcão extinto é conspícua no local, onde se faz largo uso dos fragmentos de basaltos colunares em calçamentos e edificações, além de serem, eles mesmos, uma atração turística local (a "cachoeira de basaltos"). No alto do monte Bolca há uma igreja, e a planura do local é tida como uma indicação da cratera do vulcão.

viviam aqui e havia um vulcão também... E como que esses animais e plantas acabaram virando pedra?

J — O vulcão soltava muita lava e essa lava ia virando pedra e aí os animais e as plantas acabavam virando também[26]. Mas um dia aconteceu de ficarem sem oxigênio e os peixes não podem viver sem oxigênio[27]. Por isso morreram muitos peixes ao mesmo tempo e com a lava do vulcão se formaram as pedras. E nas pedras há os peixes[28].

N — Então o vulcão também provocou a formação dessas pedras que têm os peixes dentro?
J — Sim.

N — Então de fato aqui havia um mar. O mar estava aqui em cima?
J — Sim, estava aqui em cima.

N — E como é que você explica que houvesse um mar aqui?
J — Porque a planície padana era toda um mar.

Note que a presença do vulcão passou a estar articulada com o processo de fossilização em si, uma conveniência lógica, talvez influenciada por outras referências da rica história italiana. Esse exemplo nos mostra como uma criança européia, mesmo exposta a explicações formais da ciência em uma situação muito privilegiada, em uma escola com bons professores etc, e tendo contato direto com as próprias evidências, é capaz de formular uma complexa teia de relações lógicas, conciliando seus conhecimentos pré-existentes com os adquiridos na escola e em situações de educação não formal no museu. Seu resultado é uma ecologia intelectual muito pessoal.

---

[26] Não perca de vista o fato de jovens italianos serem expostos desde cedo a imagens de Pompéia, mas poucos entenderam a real distinção entre os "corpos de Pompéia", que efetivamente tiveram origem de atividade vulcânica, e fósseis verdadeiros, inclusive os de Bolca, que nada têm de ígneo.

[27] Esta é a explicação mais recente veiculada pelas atividades educativas do Museu dos Fósseis de Bolca, que apresenta em painéis a versão de uma maré vermelha, de causas naturais, como causa de grandes eventos catastróficos, que teria acabado com o oxigênio livre da água de maneira repetida e não em um evento único. Na exposição anterior, o Museu expunha a versão de que a atividade vulcânica teria exterminado a vida local em algum evento catastrófico.

[28] A jovem parece ter compatibilizado as duas versões utilizadas no museu local, ou seja, há espaço para os eventos catastróficos de erupções vulcânicas, mas há também uma função causal para um evento como uma "maré vermelha".

Visita ao Museu dos Fósseis de Bolca, na Itália, onde as crianças entram em contato com o conhecimento científico

Ao final das entrevistas, realizadas com diversas crianças daquele local, era solicitado que elas localizassem certos eventos numa "reta do tempo" em que havia a palavra "Hoje" no extremo direito e um dinossauro no extremo oposto. Um seta adesiva era fornecida, e ele representava os peixes de cujos fósseis se tinha falado. Uma seta indicava as plantas, cujos fósseis as crianças conheciam. Por fim, se pedia para que fosse localizado o nascimento de Jesus Cristo na mesma reta.

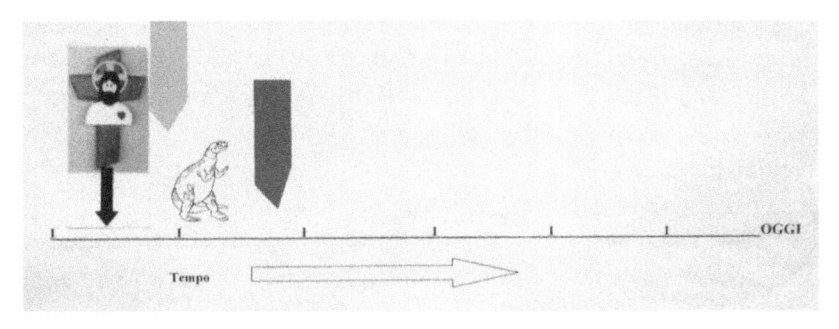

Após a entrevista, as crianças colavam etiquetas adesivas representando os fósseis de plantas (seta cinza claro na foto) e de animais (seta cinza escuro). Logo em seguida, era solicitado que elas localizassem a época em que viveu Jesus Cristo

Essas duas entrevistas demonstram como é importante reconhecer as ideias das crianças em sua complexidade. No primeiro caso, Robison entendia que "reprodução sexual" se referia a "reprodução com intercurso sexual", mas, mesmo que lhe fossem explicadas as diferenças semânticas entre os dois termos, ainda assim lhe faltaria o conceito de reprodução sexual. Fica evidente que, apesar da importância da linguagem, não se pode reduzir a questão do desenvolvimento conceitual a seu aspecto semântico ou linguístico, dada a evidente dimensão cognitiva envolvida. Na segunda entrevista isso fica evidente, pois o aspecto linguístico não ganhou relevo, demonstrando a importância da dimensão cognitiva[29].

6. REPENSANDO O ENSINO A PARTIR DAS PESQUISAS

Pesquisas como essas, realizadas dentro de contextos específicos, e outras mais gerais, na área da Psicologia Cognitiva, podem ser muito úteis para o desenvolvimento do trabalho do professor. Ele pode estabelecer algumas hipóteses sobre as ideias dos alunos sobre os conteúdos a serem estudados; o que orienta como organizar as aulas e quais informações são necessárias ou mesmo indispensáveis.

Por exemplo, a partir do que pudemos refletir com a entrevista de Robison, pode-se antecipar a importância de um trabalho sobre o bicho da goiaba. Coletar alguns frutos maduros e colocá-los em vidros com um pouco de areia úmida em seu fundo, com a boca fechada com um pano, pode ser uma boa sugestão de pequeno projeto a ser proposto aos alunos. Depois de alguns dias o bicho da goiaba abandona o fruto e se enterra na areia, formando um pequeno casulo (pupa). Cada pupa dará origem a uma mosca adulta que, após alguns dias, copulará e procurará frutos maduros para colocar seus ovos. De cada ovo sairá uma pequena larva, que irá se alimentar no interior do fruto, quando passará a ser chamada de "bicho da goiaba". Os resultados certamente fariam Robison repensar sua crença na geração espontânea.

Investigações com animais diversos serão importantes na perspectiva de permitir que os alunos possam testar e rever seus modelos de reprodução. A classe de Robison deveria ser incentivada a realizar pesquisas sobre diversos tipos de animais e sua reprodução, procurando perceber a universalidade da reprodução sexual em animais. Da mesma forma, o estudo das flores e da im-

---

[29] Torna-se explícita, assim, a oposição do contrutivismo contextual a abordagens que tomam o aspecto linguístico o mais importante da cognição, como na abordagem de Clive Sutton e seguidores, por exemplo.

portância da polinização para sua fecundação seria muito importante para que o modelo de reprodução sexual universal pudesse ser compreendido pelos estudantes.

A perspectiva adotada neste livro sugere que o professor passe a perceber as situações da sala de aula de forma parecida com àquela que assumem para os pesquisadores. Isso não significa que o professor deva acrescentar às suas tarefas docentes outras próprias de pesquisadores universitários, nos moldes daquela realizada com Robison ou Alessia. No entanto, uma série de dados sobre as ideias dos alunos são necessárias para organizar aulas, traçar hipóteses de trabalho, realizar avaliações e finalmente criar boas condições de aprendizagem para os alunos.

Como parte das atividades de visita, as crianças procuram fósseis na mina, próxima do museu.

CAPÍTULO III – PERSPECTIVAS PARA A ATUAÇÃO DO PROFESSOR

A PARTIR DAS PESQUISAS ATUAIS EM ENSINO DE CIÊNCIAS, MAS TAMBÉM EM
Didática e Psicologia da Aprendizagem, pode-se então sistematizar algumas perspectivas orientadoras do trabalho do professor:

I. ENTENDER A PRÁTICA COTIDIANA COMO OBJETO DE PESQUISA

Documentar os progressos e as dificuldades dos alunos não é apenas uma forma de colher rica fonte de elementos para uma avaliação do aprendizado dos alunos e da eficiência do trabalho do professor. Esses dados podem ser analisados de forma mais aprofundada, procurando por elementos que revelem novos significados e formas alternativas de conceber o conhecimento ministrado na escola.

No exemplo da entrevista de Robison, ele teve aulas regulares sobre reprodução de plantas e animais na escola brasileira, mas esse período parece não ter resultado em modificações muito profundas nos modelos que utilizava; ele pensava em reprodução em termos de cópula não é difícil perceber a razão de não ter compreendido seu professor quando falava, por exemplo, que as flores eram os órgãos reprodutivos das plantas. Provavelmente Robison memorizou essas informações, as repetiu nas provas, mas continuou a não ver qualquer relação entre a flor, a produção da semente e a reprodução das plantas.

No exemplo da entrevista de Alessia, ela teve um longo contato com explicações científicas para a existência de vulcões e de fósseis na região de Verona, na Itália, e incorporou diversos elementos das explicações que recebeu, como a referência à "maré vermelha". No entanto, ela construiu uma teia de conhecimentos bastante complexa e elaborada, realizando inclusive uma compatibilização de versões novas e antigas de conhecimento científico veiculado pelo museu local.

É comum que os alunos tenham dificuldades e que o professor tenha dúvidas de como enfrentar as situações suscitadas pelo insucesso dos alunos. Mas isso apenas ressalta a importância de entender o dia a dia como um convite à pesquisa e à reflexão, na dimensão individual e coletiva. Os alunos apresentavam dúvidas parecidas em anos anteriores? O que outros professores têm a dizer sobre os alunos? O que faz os alunos reagirem de forma diferente daquela que o professor esperaria, diante de situações concretas? Quais as explicações que existiam no passado para explicar os fenômenos que estudamos no presente? Perguntas como essas nos levam a tentar colher mais dados sobre a escola, sobre os alunos, sobre a aula e sobre o próprio conhecimento.

É preciso não esquecer que as ideias das crianças (assim como de qualquer pessoa) sobre os fenômenos naturais não são autoevidentes, nem mesmo para elas mesmas. Assim, é muito possível que em um ano o professor possa ter novos entendimentos do que seus alunos pensam sobre determinado assunto. Mas é importante entender que sem conhecer as ideias do educando, é muito difícil transformá-lo.

É necessário dar voz ao aprendiz, que deve ficar consciente de como concebe a realidade que conhece. Ao fazê-lo falar sobre suas ideias, elas se tornam claras para o próprio sujeito. Como vimos, ao expor suas ideias, as crianças ficam contentes e é possível que isso esteja associado com um tipo de prazer parecido ao de montar um quebra-cabeça, uma satisfação intelectual que já tinha chamado a atenção de Piaget (ele dizia que as crianças gostam de aprender).

Além disso, é possível que o professor se frustre em ver a resistência de seus alunos em aceitar novas ideias. Mas é necessário entender que as velhas ideias talvez nunca sejam totalmente descartadas, apenas ecologias intelectuais mais complexas se estruturem. Se essas novas indicações de pesquisa estiveram corretas, é possível que seja necessário mudar a forma de pesquisar as ideias das crianças para perceber mudanças em seu modo de pensar.

2. CONHECER ESTUDOS E PESQUISAS SOBRE ENSINO DE CIÊNCIAS

É comum que o professor se sinta isolado quando reflete sobre seu trabalho e as perspectivas que pretende conferir a ele. Via de regra, a escola cobra dos professores o preenchimento de impressos padronizados ou realiza verificações superficiais sobre diários de classe e planejamento bimestral. Não são frequentes as oportunidades de encontros de professores de escolas próximas entre si, e às vezes, da própria escola. Sabe-se também que esta realidade precisa ser alterada e que o professor cumpre papel importante nessa transformação.

A perspectiva do professor-pesquisador foi muito discutida há alguns anos, mas resultou um razoável consenso que o professor que está em sala de aula e o pesquisador de uma instituição de pesquisa têm papéis diferentes ao investigar questões de aprendizagem. Isso decorre, inicialmente, do próprio vínculo institucional; os pesquisadores não têm que enfrentar as variáveis indissociáveis da escola e os professores não têm obrigações e estímulos para realizar pesquisas e publicar resultados.

Mas todo professor tem sempre muito o que aprender a respeito do conhecimento que ministra a seus alunos e da forma como fazê-lo. Especialmente o professor dos anos iniciais, de quem se exige domínio de assuntos tão diversos como português, matemática, ciências, história, geografia, artes etc., tem diante de si um imenso campo de conhecimentos sobre os quais precisa constantemente se renovar e aprimorar-se. À medida em que registra suas dúvidas e seus progressos em situações particulares, o professor pode trocar ideias com colegas, mesmo que seja através de leitura de experiências ou reflexões parecidas com as suas. Conhecer outros estudos é sempre importante, ao mesmo tempo em que se percebe que o estudo sistemático deve fazer parte da rotina de todo bom profissional.

Conhecer melhor o assunto a ser desenvolvido nas aulas, como esse conhecimento foi produzido, como era pensado por outras pessoas, são tarefas igualmente importantes. Encontros, grupos de estudo, reuniões, trocas de observação em classe e tantas outras, são oportunidades a serem aproveitadas para o desenvolvimento profissional de professores. Existem pesquisas brasileiras disponíveis na internet, com acesso aberto, o que pode ser um bom começo para organizar grupos de estudos com colegas ou mesmo subsidiar reuniões pedagógicas na escola.

A visita a museus e exposições, mesmo que não exatamente em sua área específica de conhecimento, pode fazer parte das atividades rotineiras, até mesmo conciliando-as com o lazer da família. Exigir e negociar oportunidades de formação permanente junto ao diretor da escola é igualmente importante, comprometendo toda a instituição com a sua realização. A busca de formação permanente deve ser orientada pelo projeto educacional da escola, que estabelecerá prioridades no desenvolvimento profissional.

Existem diversas publicações que podem ser utilizadas pelos professores para acompanhar a produção científica brasileira na área. Diversas sociedades científicas colocam à disposição na internet artigos de revistas e material dirigido ao professor de ciências[30].

3. ENCAMINHAR ATIVIDADES SEM SE APRESENTAR COMO UMA FONTE INESGOTÁVEL DE CONHECIMENTO

Muitos professores confessam estar inseguros diante das aulas de ciências pela simples razão de poderem ser perguntados sobre questões que não sabem responder. Muitas perguntas dos alunos têm respostas objetivas, que nem sempre o professor sabe dar. Outras perguntas são difíceis de responder, mesmo para um especialista na área específica. O que há de errado numa pergunta para a qual não se sabe a resposta?

Quando um aluno pergunta quantos ossos existem no corpo humano, há uma boa probabilidade de que não obtenha resposta objetiva imediata e isso pode causar um certo embaraço ao professor. Se um professor de Português for perguntado pelo número de palavras do vernáculo, ou pelo número de verbos, ou pelo número de verbos anômalos e defectivos, provavelmente o resultado será parecido, com a provável diferença de que ele não se sentirá embaraçado. O que se espera de um bom professor de português é o domínio da língua, e isso não significa necessariamente o conhecimento de números precisos de verbos ou substantivos. De forma semelhante, o professor, durante as aulas de ciências, não deve incutir nos alunos

---

[30] Alguns exemplos podem ser localizados com facilidade, como a Revista "Investigações em Ensino de Ciências" disponível em: http://www.if.ufrgs.br/public/ensino/revista.htm, e a revista "Química Nova na Escola" (http://qnesc.sbq.org.br/) Entre os museus e centros de ciências pode-se mencionar a Estação Ciência - USP (http://www.eciencia.usp.br), o Centro de Difusão Científica e Cultural - USP- São Carlos (http://www.cdcc.sc.usp.br), a Divisão de Ensino da Sociedade, o Museu Catavento (<http://www.cataventocultural.org.br>) e o Espaço Ciência (www.espacociencia.pe.gov.br <http://www.espacociencia.pe.gov.br>)

a crença de que ele seja uma espécie de enciclopédia que detém todas as respostas possíveis para as mais insólitas perguntas. Algumas têm resposta objetiva, mas isso não significa que todas as respostas estejam prontas na mente do professor. O que se espera dele é uma postura honesta, reconhecendo suas limitações, especialmente em área tão vasta como a das ciências. Muitas perguntas podem ser respondidas com um simples "não sei". Outras podem merecer respostas genéricas ou mesmo especulativas. Os alunos devem perceber que um professor é uma pessoa que valoriza o conhecimento, que o busca constantemente e que, além disso, se dedica a compartilhá-lo com as novas gerações de seu tempo. Essa postura honesta não pode ser confundida com a simples acomodação diante da difícil e trabalhosa tarefa de aperfeiçoar-se de forma permanente.

Uma pergunta como "quantos ossos existem no corpo humano?" pode aparecer durante as aulas sem que constitua motivo de embaraço para o professor. Em geral o aluno procura por uma estimativa, uma ideia genérica. Talvez ele esteja procurando saber se existem muitos ou poucos ossos, ou qual a ordem de grandeza envolvida (uma dúzia, cinquenta, duzentos?). Por vezes, a grande dificuldade dos alunos está ligada a estimativas, a um quadro geral, em especial quando se aventuram em áreas pouco conhecidas. Uma resposta honesta, mesmo que o professor não detenha a informação precisa, não abalará a confiança natural da classe. Algo como "Não sei exatamente, mas são muitos, mais de cem" seria suficiente para atender a expectativa do aluno.

O professor deveria enfrentar a tentação de dar respostas prontas, mesmo que detenha a informação exata, oferecendo novas perguntas em seu lugar, que levassem os alunos a buscar a informação com maior orientação e acompanhamento. Perguntas do tipo "Por Quê?" são maneiras dos alunos procurarem por respostas definitivas, que manifestam uma vontade muito grande de conhecer. Se o professor apresenta, de pronto, uma resposta na forma de uma longa explicação conceitual, pode estar desestimulando a busca de mais dados e informações por parte dos alunos. Uma resposta estimulante poderia levar o aluno a procurar a resposta junto a seus colegas, envolver a família, procurar em livros, formular novas hipóteses, atitudes que são muito positivas, deixando para depois deste momento de investigação dos alunos a sistematização do trabalho desenvolvido, procurando aferir as respostas encontradas, realizando, com os próprios alunos, uma síntese dos conhecimentos alcançados.

4. PROPORCIONAR OPORTUNIDADES DE TROCA DE IDEIAS ENTRE OS ALUNOS

É comum que um professor seja considerado um bom profissional quando seus alunos se mantêm quietos e comportados durante as aulas. Classes barulhentas são normalmente tidas como sendo conduzidas por professores permissivos e sem autoridade. É hora de repensar certos valores acerca da escola e do que seja um bom professor.

Quando os alunos conversam durante as aulas isso pode indicar dispersão: os alunos não sabem exatamente o que se espera deles, ou então demonstram franca oposição ao que lhes é proposto como tarefa. Por vezes, trata-se de um franco enfrentamento à autoridade do professor. No entanto, quando o professor se exaspera e pune a classe, acaba por renunciar a qualquer forma de conquista da liderança dentro da sala de aula e dificulta o estabelecimento de um clima propício à aprendizagem.

Uma classe que se comporta com disciplina militar não deve ser tomada como modelo a ser alcançado a todo custo. Reais oportunidades de aprendizagem implicam em troca de ideias, em conversa, em trabalho cooperativo. Expor ideias próprias é, em si, uma capacidade que deve ser estimulada e desenvolvida; isto não significa que o professor deva perder o controle da classe a cada aula. Sessões planejadas de trabalho em grupo, ou mesmo exposições orais diante da classe, são situações que permitem aos alunos organizar suas ideias e compará-las às dos colegas. O professor, coerentemente com uma postura de pesquisa, pode aproveitar essa oportunidade para colher dados sobre as ideias dos alunos, podendo inclusive fazer perguntas para verificar o quão arraigadas são as ideias expostas.

A entrevista de Robison mostra que ele detém um grande número de informações, mas que teve poucas oportunidades para compartilhá-las e falar sobre elas. A simples realização da entrevista o fez refletir sobre o que ele próprio já sabia sobre a reprodução de um certo número de seres vivos. Com Alessia, ocorreu o mesmo, em duas realidades muito diferentes. Isso nos mostra que a organização das aulas de ciências, mesmo em situações muito distintas, pode ter muito em comum. Expor ideias próprias e debater as ideias de outras pessoas, inclusive as dos cientistas, pode ser muito eficiente, além de divertido.

As aulas de ciências podem contribuir não apenas para que os alunos adquiram novas experiências, mas para que possam também organizá-las, construindo conceitos. A troca de ideias é uma maneira muito eficiente para atingir esse objetivo. Na comunidade de pesquisadores da aprendizagem em ciências, está bem sedimentada a convicção de que as crianças aprendem mais quando debatem os conceitos científicos, do que quando apenas ouvem falar deles, ou leem passivamente seus enunciados.

5. PROPOR PROBLEMAS E ESTIMULAR EXPERIMENTAÇÃO E DEBATE

As crianças têm explicações para os mais diferentes tipos de fenômenos e processos com os quais convivem ou, de alguma forma, têm contato. As atividades das aulas de ciências devem ser planejadas de forma tal que as relações estabelecidas possam emergir como consequência do trabalho realizado. Muitas vezes os próprios estudantes não têm consciência dos conhecimentos que já possuem. É importante planejar a realização de sessões de perguntas e respostas dedicadas a levantamento de ideias que os alunos já têm sobre os fenômenos que serão estudados e suas explicações para significados de termos e expressões. Dependendo da idade dos estudantes e do desenvolvimento de sua capacidade de registro gráfico ou escrito, pode-se pedir para que sejam feitos desenhos, entrevistas ou pequenos registros de reflexões por parte de um pequeno grupo, ou mesmo individualmente.

É interessante criar situações onde os estudantes possam refletir sobre seus próprios conhecimentos, comparando-os com os dos colegas, sendo convidados a procurar por explicações diferentes e perceber que pode não existir plena compatibilidade entre elas. A postura científica demanda enfrentar as contradições a partir de uma base lógica e experimental.

Se uma garrafa gelada está sendo observada, a água que aparece nas paredes externas pode determinar diferentes explicações. Por um lado, algumas crianças poderão dizer que a água está porejando pelas paredes de vidro da garrafa, enquanto que outras poderão dizer que a água está evaporando e descendo para "grudar" no vidro. Equipes podem ser formadas para discutir a questão.

O professor deverá indagar por formas de esclarecer a questão, mostrando que alguma das equipes deve ter mais razão do que as outras e que para descobrir quem tem mais razão é necessário planejar alguma atividade, fazer algum tipo de teste. Os próprios estudantes poderão se engajar no planejamento de tais testes, mas será muito difícil que o professor possa deixar de intervir nessa discussão. Poderá, por exemplo, proporcionar uma nova oportunidade para que os estudantes possam investigar o que ocorre com uma garrafa gelada, mas que têm um líquido colorido em seu interior (tal como groselha ou refrigerante). Se a água se forma nas paredes externas provém mesmo de seu interior, qual deverá ser a cor das gotinhas que aparecem?

Sem ter conseguido comprovar a ideia de que a água provém do interior da garrafa, estará automaticamente comprovada a outra ideia, que dizia que a água do interior da garrafa evapora, desce e "gruda" na garrafa? É claro que não; quando não conseguimos comprovar uma ideia isso não significa que tenhamos conseguido comprovar ideias rivais. Para a outra ideia será necessário elaborar novos testes, por exemplo, repetir a montagem com a garrafa tampada. Forma-se água em sua parte externa? Sucessivos testes poderão conduzir à ideia de que existe vapor d'água no ar atmosférico e que ele se condensa ao encontrar superfícies frias, como as de uma garrafa gelada.

Fazer uma previsão, perceber a existência de explicações diferentes e que não podem ser consideradas todas igualmente válidas, eis uma importante contribuição para o desenvolvimento de capacidades que são muito importantes no domínio do conhecimento científico e que podem ser desenvolvidas desde as primeiras séries. Esta forma de propor atividades para os alunos foi reconhecida como particularmente adequada para aumentar o interesse das crianças pela ciência, além de ser mais estimulante para o professor não-especialista.[31]

6. PROCURAR PRINCÍPIOS E APLICAÇÕES EM CONTEXTOS DIVERSOS NAS AULAS

A independência de contexto do conhecimento científico não é absoluta, obviamente, mas é muito maior do que a de outras formas de conhecimento e deveria merecer grande atenção nas aulas de ciências. Os alunos podem aprender como fazer pão, por exem-

---

[31] Na literatura especializada essa forma de propor atividades aos alunos é denominada "Inquiry-based science education" (IBSE). A recomendação de utilizá-la nas aulas para crianças pequenas faz parte da primeira recomendação (#3.Findings, Finding I, p.12) do relatório Comunidade Européia "Science Education Now: a renewed pedagogy for the future of Europe", (v. nota 10, página 38).

plo, mas a estratégia do professor deveria contemplar a possibilidade de ir além e aplicar o conhecimento que daí deriva em outras situações, em outros contextos. O que o crescimento da massa de pão tem em comum com as bolhas de gás da cerveja?

Ao analisar como certos insetos andam por cima da água, os estudantes podem ser colocados diante de contextos novos, para os quais as mesmas explicações se aplicam. Um copo descartável de café que tenha uma série de furos de alfinete à sua volta não deixará vazar água por eles. A mesma força que sustenta os insetos, impedindo que afundem, evita que a água escape de dentro do copinho. Se os estudantes perceberem que uma mesma explicação pode ser aplicada a contextos diferentes, estarão dando um passo importante para compreender o que é a ciência e de seu poder de explicar o mundo à nossa volta.

As aplicações tecnológicas são um grande campo a ser explorado pelo professor, proporcionando a seus alunos a vivência plena das aplicações de princípios a situações diversas. Muitos são os exemplos e as situações que poderão ser exploradas. O estudo de alavancas é um exemplo muito conhecido. Uma porta e sua maçaneta são exemplos de aplicação prática de alavancas em nossa vida cotidiana. Seria fácil abrir uma porta caso a maçaneta estivesse do lado oposto da porta, junto às dobradiças? E abaixar a maçaneta quando seu cabo está quebrado, não é difícil? Uma criança pequena pode levantar outra maior do que ela numa gangorra? Nesses casos, estamos diante de aplicações de um mesmo princípio a contextos diferentes.

Da mesma forma como sugerido para as alavancas, podemos pensar em diferentes conceitos e áreas do conhecimento. Como são produzidos os alimentos? De onde provêm o feijão e o arroz? E o pão, as farinhas? Os hambúrgueres? Como é feito o iogurte, o queijo?

O grande objetivo a ser perseguido pelo professor não é simplesmente ilustrar com diferentes repertórios o que os alunos podem saber sobre o mundo que os cerca. O professor deve trabalhar aspectos centrais em suas aulas, como no exemplo da alavanca, mesmo que não utilize esse termo específico logo de início, e possibilitar que seus alunos reconheçam diferentes aplicações em diferentes contextos. Ao explorar a necessidade de água das plantas em sala de aula, poderá levar os alunos a perceberem a importância da irrigação das plantações. Os exemplos são numerosos e podem ser adaptados a diferentes situações, aproveitando a enorme diversidade regional brasileira.

7. PROGREDIR CONCEITUALMENTE

O trabalho do professor de ciências deve ser pautado pelo sucesso dos seus alunos. É difícil estabelecer objetivamente quando os alunos progridem nos seus estudos, mas isso não deve desencorajar o professor a procurar por sinais de progresso na forma de pensar e agir de seus alunos. Uma das características básicas desse progresso refere-se à forma empregada pelos alunos para explicar o mundo que os cerca.

Retomando a entrevista de Robison, ele foi perguntado sobre como os gatos se reproduzem, e a resposta foi a de que eles "cruzam". O jovem se refere à cópula entre o macho e a fêmea. A resposta do jovem está baseada, entre outras coisas, em sua experiência pessoal, empírica; trata-se de um **argumento perceptivo**. Ele não está necessariamente articulado com uma rede de ideias mais ampla que associa diferentes objetos através de características comuns. A resposta do jovem não significa que ele tenha certeza que plantas e animais têm reprodução sexual, e que existem sexos separados na imensa maioria de seres vivos, sejam plantas ou animais. Ao ser perguntado sobre a reprodução de uma planta como o feijoeiro, se reproduz, a resposta foi "pela raiz". Trata-se de novo argumento perceptivo; o jovem já viu pessoas "tirando mudas" de plantas; por outro lado ele pode já ter plantado feijões e visto nascer pequenos feijoeiros; conhece suas flores e sabe que as sementes estão no interior dos frutos. O que falta a este jovem é uma rede conceitual, que possa dar unidade à coleção de fragmentos de informação que ele possui, caminhando progressivamente no sentido da construção de conceitos.

Esse mesmo jovem foi perguntado a respeito da reprodução dos ursos, ele respondeu realizando uma analogia com os gatos. Eles "cruzam", disse ele, isto é, é necessário macho e fêmea, existe cópula, a fêmea engravida, amamenta os filhotes. Mas esse jovem não tem qualquer experiência empírica com ursos, pelo menos da mesma forma como a tem com os gatos. Seu argumento, portanto, não é perceptivo, mas sim **conceitual**. Este jovem detém o conceito de mamífero, o que lhe permite realizar raciocínios e analogias corretas. Mas esse mesmo jovem não detém o conceito de reprodução sexual, uma vez que não percebe a relação entre os fatos que conhece na reprodução da plantas e não os relaciona com os animais.

Na outra entrevista, pudemos ver como Alessia conhece as

evidências da existência dos vulcões na região em que vive. Ela usa um **argumento perceptivo**, pois pode evidenciar as marcas dos basaltos e relacioná-las com a existência de vulcões. De certa forma, ele é guiada pela aparência mais superficial da aranha e do besouro, para considerá-los mais parecidos entre si do que dois aracnídeos. Um aracnídeo é antes de tudo um *conceito*, que leva em consideração a organização do corpo e o número de pernas, para citar apenas os aspectos mais visíveis macroscopicamente. Mas Alessia nos fala adiante do processo de formação de fósseis, nos quais ela utiliza uma série de **argumentos conceituais**, que relacionam a falta de oxigênio, grandes mortandades derrames de lava etc. Trata-se de uma complexa rede de relações que o professor deverá conhecer de maneira a elaborar atividade de ensino que possam elaborar argumentos cada vez mais próximos aos científicos.

Os alunos, à medida em que progridem nos seus estudos, passam dos argumentos perceptivos aos conceituais e essa passagem é mediada pela sua interação com o mundo e com outras crianças e adultos com os quais têm contato. O professor tem papel muito importante nessa mudança dos alunos. Diferentes formas de registro, como pequenos textos, desenhos, colagens, podem ser empregados pelo professor como parte de uma estratégia que vise documentar o progresso de seus alunos nos assuntos que estudam e tipos de argumentos que utilizam. Esses registros terão grande importância para a avaliação do aprendizado, ao levar em consideração um amplo leque de aspectos do trabalho escolar, e podem documentar o progresso conceitual dos alunos ao longo de sua escolaridade.

8. UTILIZAR TERMINOLOGIA CIENTÍFICA DE MODO CORRETO

Uma vez que criticamos a utilização de termos técnicos sem qualquer significado para os alunos, muitos professores foram levados ao extremo oposto de acreditar em duas falácias. A primeira delas é a de que a terminologia científica é apenas uma forma pomposa de falar e deve ser abolida. Essas pessoas não perceberam que a linguagem científica não é um código criptográfico, mas sim um código de compactação (v. capítulo anterior), muito útil para agregar significados às elaborações intelectuais.

A outra falácia muito aceita é a de que os alunos, e suas vivências sócioculturais, já detém todos os termos técnicos, mas utilizam outro nome, que seria igualmente válido. Causou muito impacto no passado quando certos estudos demonstraram que estudantes pobres, que não eram capazes de realizar contas aritméticas na escola, eram capazes de comprar e vender mercadorias, calculando acertadamente o valor do troco, etc. Da mesma forma, mestres de obra tinham baixas notas nas aulas de matemática, mas eram capazes de calcular a área de construções, número de tijolos necessários para uma determinada área, volume de areia necessário, etc. Uma das conclusões desses estudos era que o estudante falhava na escola apenas porque lá era encontrada uma terminologia diferente; bastaria reconhecer que aquilo que a escola chama de "calcular o volume" é, na linguagem dos próprios aprendizes, "cubicar". Em outras palavras, as capacidades já estariam plenamente desenvolvidas, bastando apenas rebatizá-las de acordo com as normas do conhecimento historicamente acumulado.

Analisando esses estudos com maior cuidado, foi possível verificar que um pequeno comerciante não realiza vendas com qualquer valor a todo tempo; um mestre de obras não calcula áreas e volume de insumos muito variados. De certa forma, eles se valem de experiências anteriores, que sinalizam limites e ajudam nas respostas. Em outras palavras, as capacidades envolvidas nas operações abstratas não estão totalmente desenvolvidas de antemão. Isso aponta para duas implicações importantes. Em primeiro lugar, é necessário reconhecer que pequenos comerciantes, mestres de obras e todo tipo de aluno traz consigo uma bagagem intelectual que está ligada às práticas sociais. O professor deve buscar conhecer essa bagagem e incorporá-la às aulas que ministra. Em segundo lugar, o professor deve perceber que a escola tem uma contribuição importante a dar para que o aluno possa compreender sua própria experiência a partir de uma perspectiva mais global e abrangente, o que lhe permitirá ampliar sua atuação social.

A falácia de que os alunos das classes populares têm algo como uma "prontidão" não aproveitada para o aprendizado trouxe influência no pensamento pedagógico brasileiro. Abolir nomenclatura científica e satisfazer-se apenas com as ideias dos próprios estudantes passaram a ser recomendações tão frequentes quanto equivocadas. O professor passou a não fazer questão que seu aluno dominasse a linguagem inerente ao conhecimento, em lugar de um suposto "respeito" à sua linguagem própria, no que incorria em erro profundo.

Muitos professores se revoltaram com o ensino tradicional de zoologia, que muitas vezes se resume a uma lista interminável de nomes de categorias taxonômicas, as quais os alunos têm que memorizar de forma penosa. Uma das saídas foi a de solicitar que os próprios estudantes fizessem suas classificações, batizando novos grupos, etc. Para alguns professores isso já era suficiente[32]. Os grupos dos alunos teriam, dentro dessa perspectiva ingênua, a mesma importância que os grupos dos cientistas. Assim, os estudantes não precisariam necessariamente concluir que os vertebrados constituem um grupo de maior hierarquia do que o grupo dos peixes e anfíbios, por exemplo. Eles poderiam ser agrupados segundo qualquer outro critério e, como resultado, eles poderiam ser chamados de "vertebrados pequenos", "vertebrados médios" e "vertebrados grandes", por exemplo. Dinossauros e girafas, por exemplo, poderiam pertencer ao mesmo grupo, o dos "vertebrados grandes". Camundongos, beija-flores e pererecas poderiam fazer parte do grupo dos "vertebrados pequenos". Mesmo que o exercício seja admissível em certas faixas etárias, seria importante que se mantivesse a perspectiva de que há um ponto de chegada. Mesmo que não haja um consenso absoluto entre os cientistas sobre a classificação dos vertebrados[33], há consenso sobre a importância de certos caracteres biológicos.

Mesmo que esse exemplo seja um pouco exagerado, ele não é de todo impróprio. A defesa de um ponto de vista relativista[34], que pretende que todas as classificações zoológicas sejam igualmente válidas, já levou diversos professores a afirmar que nem mesmo os próprios cientistas estão de acordo quanto às classificações, portanto qualquer classificação é igualmente válida. Trata-se de outro equívoco. Muitos cientistas, de fato, discordam que o grupo dos Répteis, por exemplo, seja um agrupamento válido, e sugerem que

---

[32] Em certos casos, este talvez seja um exemplo dos riscos de procurar aplicar na sala de aula teorias de aprendizagem, sem reconhecer que as práticas pedagógicas não são meras aplicações de teorias, embora necessitem delas em muitos momentos. A classificação, desde os trabalhos de Piaget, tem sido reconhecida como uma importante ferramenta epistemológica, sendo inclusive mencionada como "conceito estruturante" da área de ciências naturais, mas sua utilização na prática pedagógica nem sempre tem sido feliz.

[33] Um grupo de cientistas questiona o grupo dos répteis, argumentando que as diferenças dentro do grupo são maiores do que as de alguns sub-grupos reptilizanos com os de outros grupos, como as aves.

[34] Existe uma corrente de pensamento que realiza uma crítica profunda da Ciência, dizendo que o conhecimento científico pode ser entendido como uma forma de "texto", uma "peça ficcional". Nessa perspectiva, os conhecimentos elaborados pelos cientistas têm, rigorosamente, o mesmo valor de qualquer outra elaboração intelectual, de uma criança, de um aborígene etc. O ponto de vista relativista pode ser encontrado em Fourez, G. A Construção das Ciências, São Paulo, Ed. da UNESP, (1995). Uma corrente do relativismo se define como "construtivista", o que pode gerar confusões com os educadores. Os construtivistas do relativismo científico acreditam que o ser humano recria o mundo quando o interpreta, o reconstrói, o que pouco (se algo) tem a ver com as teorias construtivistas de Piaget, por exemplo.

seja adotado outro em seu lugar, o dos "Amniotas", que incluiria répteis, aves e mamíferos (os animais que possuem um anexo embrionário chamado "âmnion"). No entanto, deve-se perceber que estamos diante de uma discussão filosófica refinada, que não é de modo algum acessível à maioria dos professores, e que não pretende anarquizar a classificação zoológica de uma forma geral. Esse mesmo grupo de cientistas, por outro lado, não vê nenhum problema em outros grupos, como por exemplo, o dos insetos (verdadeira unanimidade desde a Roma Antiga[35]). Portanto, o argumento é falacioso porque omite o que é realmente importante: a classificação zoológica atual é fruto de um desenvolvimento histórico da ciência e tem justificativas para mostrar-se mais válida do que outras classificações arbitrárias.

Muitos professores confundem uma importante estratégia didática, como a de sugerir que os estudantes realizem categorizações segundo seus próprios critérios, com o resultado final do ensino de ciências, que é o de compreender o conhecimento atual. Os alunos devem entender que as classificações estão baseadas em critérios, que são arbitrários — tem-se que reconhecer — mas que nem todos os critérios arbitrários possíveis são igualmente eficientes para atender à grande quantidade disponível de características da forma e da função dos seres vivos. Dificilmente os estudantes levarão em consideração características embriológicas e bioquímicas em suas próprias classificações. Os estudantes devem entender os critérios dos cientistas, que incluem uma quantidade muito grande de evidências.

Para aprender ciência é necessário saber alguns nomes, conhecer algumas classificações, deter a estrutura e a lógica de certos conhecimentos. Isso amplia a capacidade de compreender e dar sentido ao mundo, da forma como uma comunidade escolarizada o entende.

A terminologia científica, como vimos, deve ser entendida dentro de seu contexto, com seus significados compreendidos, e deve ser utilizada de forma correta, mesmo que de forma simplificada - mas nunca distorcida - para ser acessível aos estudantes de diferentes idades. O professor deve utilizar termos científicos progressivamente, verificando que sua correta compreensão esteja sempre presente.

---

[35] O nome deriva diretamente do latim insectu.

9. PESQUISAR E IMPLEMENTAR FORMAS INOVADORAS DE AVALIAÇÃO

É muito comum que os professores procurem inovar sua prática de forma gradual, introduzindo alguns elementos inéditos e conservando alguns dos tradicionais. Entre eles figura a avaliação, um dos aspectos mais difíceis de modificar nas aulas de ciências. Certa vez, um professor propôs a um grupo de alunos universitários um programa de atividades diante da informação de que todos já tinham nota mínima de aprovação e o realizado dali por diante seria apenas para aumentar aquela nota. Qual não foi sua surpresa ao ver que os alunos simplesmente se desinteressaram pela disciplina. Outra situação, muito mais comum, é aquela em que o professor propõe uma inovação para a classe, como uma excursão ou um projeto de investigação, e os alunos perguntam de volta: "Vale nota?".

Nos anos iniciais do ensino fundamental essas posturas não são esperadas, constituindo uma verdadeira surpresa caso se manifestem com a crueza descrita aqui. Mas não se pode deixar de lembrar que essas situações são os limites extremos do que se espera que aconteça quando a avaliação é simplesmente suprimida ou, por outro lado, quando ela é tão presente que condiciona qualquer tipo de iniciativa ou engajamento por parte dos alunos.

Se o aluno é convidado a expor suas ideias, por exemplo, ele deve perceber que essa tarefa fará parte do processo de avaliação, que seu empenho será refletido na medida de aproveitamento que vier a ser adotada. Caso os alunos sejam convidados a preparar exposições orais, cartazes, pequenos textos, se sentirão muito frustrados caso sua produção não for levada em consideração na avaliação final. A consequência será o desânimo diante de outras propostas em bimestres seguintes.

A avaliação é sempre uma atividade difícil de ser realizada. Toda avaliação supõe um processo de obtenção e utilização de informações, que serão analisadas diante de critérios estabelecidos segundo juízos de valor. Portanto, não se pode pretender que uma avaliação seja um processo frio e objetivo; ele é, em si, subjetivo, dependente da valorização de apenas uma parcela das informações que podem ser obtidas. Essas características são importantíssimas para que possamos compreender a utilidade e os limites da avaliação e de como ela pode ser utilizada pelo próprio professor para re-orientar sua prática.

Suponhamos que um professor esteja acostumado a fornecer informações básicas sobre conceitos científicos aos alunos. Seu objetivo com a avaliação é o de tentar medir quantas informações cada aluno foi capaz de compreender. Suas aulas são exposições detalhadas dos conceitos científicos, com terminologia correta, e algumas aplicações práticas. Para avaliar os alunos, ele costuma realizar observações durante a aula, percebendo quais alunos se mantêm atentos às explicações; verifica cadernos procurando por indicações de como foram registradas as explicações e realizadas as tarefas de casa; realiza uma ou duas provas com perguntas objetivas, nas quais os alunos devem mostrar o quanto se recordam do que foi explicado e se conseguem aplicar o conhecimento aprendido em situações novas.

Esse professor decide introduzir uma nova forma de trabalho no semestre seguinte, na qual os alunos têm sua atenção despertada para um problema, realizam coleta de dados e procuram por soluções para esses problemas. Junto com outros professores, planeja uma sequência de aulas, na qual os alunos são desafiados com problematizações e buscam informação de maneira autônoma. Trocam ideias em grupos e sabem quais são os objetivos que devem alcançar e não permanecem passivos apenas aguardando instruções do professor, mas são proativos na leitura e discussão de textos científicos[36]. Para avaliá-los, o professor prepara uma prova parecida com a que estava acostumado, com perguntas sobre os conceitos envolvidos na área do conhecimento com a qual os alunos trabalharam. O resultado são notas piores no segundo semestre em relação ao primeiro. O que o professor pode concluir? Ele tem diante de si as seguintes hipóteses:

a- Os alunos apreenderam mais conhecimentos científicos no primeiro semestre;

b- Os alunos aprenderam mais conhecimentos no segundo semestre mas não conseguiram demonstrar isso na prova;

c- A avaliação do segundo semestre não conseguia medir o que os alunos de fato realizaram e o quanto aprenderam.

Atividades diferentes induzem os alunos a desenvolverem habilidades diferentes. Portanto, o conjunto de informações disponíveis é necessariamente diferente. Estamos diante de uma situação

---
[36] A literatura pedagógica frequentemente se refere a esse tipo de organização como "sequência de ensino" ou "sequência didática" (v. Por ex. Espinoza, A., A. Casamayor, e E. Pitton. Enseñar a leer textos de ciencias. B. Aires, Ed. Paidós (2009).

típica de implementação de inovação pedagógica que se ressente da falta de inovações correspondentes em sua avaliação. A simples comparação das notas de um semestre e de outro poderá indicar que a hipótese **A** é a verdadeira. Mas a valorização das informações foi diferente nos dois semestres; no segundo semestre os alunos desenvolveram uma série de habilidades que a avaliação não se preocupou em valorizar. Portanto, a hipótese **A** não pode ser considerada verdadeira, apesar de significativa quantidade de informações indicar o contrário.

Por outro lado, o professor pode estar convencido que as atividades do segundo semestre foram mais significativas. Percebeu maior entusiasmo e envolvimento nos alunos e acredita que eles aprenderam mais. Ele esperava que os alunos demonstrassem que esse método de ensino é melhor do que o anterior com melhores notas e acredita que os alunos simplesmente falharam na prova. Provavelmente ele está errado.

Quando as atividades dos alunos são diversificadas, como sugere um programa de estudos onde os alunos se engajam em problemas e experimentos em vez de receber explicações, existe um conjunto muito maior de informações disponíveis para o processo de avaliação. Ele deveria ter coletado informações durante a atividade, mantendo um registro do progresso dos alunos. Estes, por sua vez, deveriam ter sido orientados a também fazer seus registros, de maneira a poder documentar seus progressos relacionados aos conteúdos estudados. Nesse caso, o professor desprezou informações importantes que poderia ter colhido para a avaliação e, assim, os alunos encontraram poucas oportunidades de demonstrar o que realmente tinham aprendido, o que provavelmente explica as notas baixas.

É quase certo que a hipótese **C** seja verdadeira. Caso a avaliação não se resumisse a um único instrumento visando verificar conteúdos conceituais, mas tivesse sido diversificada o suficiente para valorizar outros progressos, e não apenas conceituais, mas também relativos a procedimentos e atitudes, o resultado seria diferente.

Esse exemplo ilustra a necessidade de pesquisar novas formas de avaliação, que sejam coerentes com os objetivos e atividades desenvolvidas na escola. Além disso, mostra a importância de diversificar os instrumentos de avaliação, de forma a proporcionar oportunidades para evidenciar o progresso dos alunos ao longo de seus estudos.

10. CONHECER A VISÃO DE CIÊNCIA DA ESCOLA E A COMUNIDADE

Como vimos, as famílias têm expectativas sobre o trabalho do professor de ciências. Isso significa que o conhecimento dessas representações é necessário para sua transformação. Vimos o caso de uma escola particular de elite cujos pais tinham uma expectativa muito conservadora. Eles se expressaram dizendo que achavam que a memorização de fatos, informação e enunciados de conceitos fosse o mais importante resultado do ensino de ciência.

Provavelmente esses pais, que não são desinformados, têm uma visão de ciência muito ligada a fatos e informações, tidas como "verdadeiras", no sentido de inquestionáveis, e esperam que seus filhos se apropriem desse conhecimento. Em outro exemplo, vimos como uma mãe se dizia orgulhosa da aprendizagem de seus filhos, que demonstravam ter memorizado sem ter compreendido alguns fatos sobre o ar.

Por outro lado, é possível que as famílias tenham alguns receios de que a vida acadêmica, incluindo nisso o vestibular, exija de seus filhos principalmente fatos e informações, o que de certa forma não é também uma visão desinformada das precariedades de nosso sistema educacional.

Assim, o conhecimento mais aprofundado das visões e expectativas das famílias pode ajudar o professor e a escola a empreender transformações mais profundas, que permitam promover um ensino de ciências cada vez mais significativo para os alunos e a comunidade.

CAPÍTULO IV – ORIENTAÇÕES GERAIS PARA A PRÁTICA DO PROFESSOR

I. UTILIZAR LIVROS DIDÁTICOS DE FORMA CRÍTICA

O livro didático tem sido apontado como o grande vilão do ensino no Brasil. Diante dos grandes problemas educacionais, dos Parâmetros Curriculares Nacionais e do baixo desempenho dos alunos em testes padronizados, muitos educadores apontam o livro didático como o grande obstáculo a impedir mudanças significativas nas salas de aula. Alguns chegam a afirmar que ele deve ser simplesmente retirado do alcance do professor para que as mudanças possam de fato ocorrer. Estamos diante de um evidente exagero.

A realidade educacional brasileira possui características muito diversificadas, que rendem a qualquer afirmação genérica e taxativa um ar artificial e retórico. No entanto, não seria descabido afirmar que a formação de professores no Brasil dificilmente figura entre as prioridades do sistema universitário, especialmente quando nos referimos ao sistema público. Os professores polivalentes que atuam nas quatro primeiras séries do ensino fundamental têm poucas oportunidades de se aprofundar no conhecimento científico e na metodologia de ensino específica da área, tanto quando sua formação ocorre em cursos de magistério como em cursos de Pedagogia. Embora muitos avanços possam e devam ser realizados na área de formação de professores, os materiais de apoio ao trabalho na sala de aula são muito necessários. O grande desafio para o professor é o de decidir quais materiais são adequados e de que forma podem ser utilizados. Livros didáticos, paradidáticos, vídeos, softwares, existe uma ampla gama de materiais à disposição do professor que podem contribuir na melhoria de seu trabalho.

Era comum que os livros didáticos de ciências trouxessem uma grande quantidade de informações e exercícios na forma de perguntas objetivas do tipo "o que é", "defina" etc. Os alunos copiavam parte das informações em seus cadernos e realizavam exercícios que pouco contribuíam para o desenvolvimento de sua compreensão do conhecimento científico. Por vezes, as informações não eram sequer corretas, o que demonstrava a inutilidade do ensino de ciências nessas condições. Disso resultou uma imagem negativa de livro didático, como se ele fosse intrinsecamente ruim, o que levou alguns professores a abandonarem seu uso. No entanto, desde 1996 os livros didáticos têm sido avaliados pelo Ministério da Educação, que os seleciona diante de critérios previamente estabelecidos que conferem importância muito grande à correção conceitual e adequação metodológica, os compra e distribui gratuitamente para as escolas públicas, atendendo à escolha realizada pelos próprios professores.[37] Trata-se de material de apoio, como vários outros que se fazem necessários, que pode contribuir para a melhoria da prática docente.

Cabe ao professor selecionar o melhor material disponível diante da sua própria realidade. Sua utilização deve ser feita de maneira que possa constituir um apoio efetivo, oferecendo informações corretas, apresentadas de forma adequada à realidade de seus alunos. Isso não significa que o professor deva abdicar de suas funções, outorgando ao livro decisões que são suas. Por exemplo, a seleção de conteúdos é tarefa do professor; ele pode introduzir uma unidade de ensino que não existe no livro ou deixar de abordar um de seus capítulos. Pode realizar retificações ou propor uma abordagem diferente. Em vez de realizar leituras e cópias, pode propor experimentos ou projetos de investigação e utilizar o livro como uma fonte de consulta naquela unidade específica.

Uma ferramenta útil para selecionar livros didáticos pode partir de quatro perguntas básicas, que devem ser respondidas após uma análise detida do livro:

1- O livro é correto do ponto de vista conceitual?

2- A metodologia de ensino proposta no livro é estimulante, evitando longas listas de nomes a serem memorizados e exercícios de transcrição de texto?

3- Existe evidente preocupação com a integridade física do aluno, com recomendações expressas de segurança e primeiros socorros, em especial nas atividades práticas?

---

[37] É possível encontrar na internet o artigo: Bizzo, N. Falhas no Ensino de Ciências: erros em livros didáticos ainda persistem em escolas de Minas e São Paulo. Ciência Hoje 159(27): 26-30 (abril de 2000).

4- Existe evidente preocupação em evitar o estabelecimento de preconceitos e estereótipos, retratando a diversidade étnica brasileira, evitando associar classe social, etnia, gênero (masculino/feminino) e minorias a figuras mais ou menos prestigiadas socialmente?

Caso alguma das quatro perguntas não mereça "SIM" como resposta, o professor deve reconsiderar a decisão de adotá-lo para sua classe. Mesmo que possa introduzir correções e ajustes, existe o risco de que o trabalho pedagógico venha a ser prejudicado. O uso desses livros pelos alunos poderá conduzi-los a conceitos errados, expô-los a riscos ou mesmo sedimentar preconceitos e prejudicar sua atuação social no futuro. Uma vez realizada a opção, o professor deve tomar para si a responsabilidade dos atos educativos que pratica, compartilhando com os alunos, na medida do possível e do necessário, as decisões que devem ser tomadas ao longo do ano letivo.

2. BUSCAR ACUIDADE NA PROGRESSÃO CONCEITUAL

O trabalho de avaliação de livros didáticos iniciado pelo Ministério da Educação em 1996 trouxe uma série de modificações nos conteúdos da disciplina Ciências dos anos iniciais do ensino fundamental em pouco tempo. Em lugar de buscar expor aspectos ideológicos da abordagem das ciências, o trabalho de avaliação visou escrutinar o conteúdo tendo por objetivo verificar a existência de erros conceituais, ao lado de outros critérios. Muitas pessoas confundem um erro conceitual com um erro qualquer, mas a diferença é crucial para entender não apenas o trabalho que as autoridades educacionais devem fazer, mas principalmente o que se espera do ensino de ciências para crianças.

Tomemos como exemplo o número de satélites de Júpiter. Esses astros foram descobertos por Galileu Galilei em 1609, que estudou os quatro satélites mais evidentes. Mas com novos instrumentos, foi possível verificar que existe uma grande quantidade de satélites orbitando aquele planeta gigante e até mesmo anéis, muito menos evidentes que os de Saturno. As informações sobre satélites se modificam todos os anos, de modo que dificilmente um livro didático poderá trazer um número que não possa se desatualizar em pouco tempo. No entanto, um número desatualizado constituiria um erro conceitual? A resposta é francamente negativa. Trata-se apenas de uma informação desatualizada, mas que deveria estar referida a um ano. Assim, se o livro afirmar que, em 1609, eram conhecidos quatro satélites de Júpiter, a informação estará correta. Mas, em 2009, havia 62 satélites jovianos, dos quais 12 eram de descoberta recente, que ainda não haviam recebido um nome. Portanto, a informação precisa e atualizada é muito diferente. Haveria necessidade de complementar o conteúdo, ou estará ele errado, conceitualmente?

Um livro didático não pode ser visto como um roteiro de instrução de autômatos, que dispense inteiramente mediação. Se espera que o professor conheça, mesmo sem ser especialista, o assunto que o livro aborda e que seja capaz de entender o peso relativo de diferentes expressões. O que não se modificou em 400 anos? Ora, é de se esperar que o professor entenda que o dado demanda atualização. Mas, o que é mais importante é a mensagem conceitual do trecho. Ela nos diz que um planeta pode ter vários satélites. Essa mensagem conceitual está, rigorosamente correta. Além disso, traz uma mensagem metodológica, ao sinalizar que o conhecimento de seus nomes (e até mesmo de seu número preciso) não é o mais importante. Novamente, estamos diante de uma opção acertada. O que é, afinal, um erro conceitual?

Apresentamos a tese de que as crianças, em sua aprendizagem, progridem dos argumentos perceptivos aos conceituais. E vimos que os conceitos que as crianças formulam podem ser bem diferentes daqueles apresentados pela ciência, mesmo que ela mesma se modifique. Um erro conceitual não é um erro qualquer, como acabamos de ver no caso dos satélites jovianos. Um erro é conceitual quando ele está baseado em um modelo que se vale de conhecimentos adaptativos, mas que prejudica a atuação social de quem o utiliza.

Voltemos ao exemplo da explicação do verão e do inverno. Ao dizer que a aproximação da Terra em relação ao Sol provoca o verão, estamos utilizando um premissas erradas, mas que fazem parte de um elaborado modelo. Observe que ele se vale de uma afirmação que permite uma aparente coerência com fatos científicos, como o fato de haver um período de maior proximidade da Terra em relação ao Sol (perigeu) e de maior afastamento (apogeu). Esse modelo nos ajuda a explicar fenômenos cotidianos, ou seja, ele é adaptativo, em especial no contexto escolar onde ele é veiculado. No entanto, ele nos leva a previsões erradas sobre as estações do ano no planeta, pois elas deveriam ser simultâneas nos dois hemisférios, mas de fato não são. Em diferentes momentos e situações esse modelo prejudicará a atuação social de quem o utilizar na vida real. Este é, portanto, um modelo errado do ponto de vista conceitual.

Observe que esse erro satisfaz, simultaneamente, quatro condições:
- está baseado em premissas que não são aceitas pela comunidade científica;
- constitui uma forma de conceber e explicar relações (modelo mental);
- está baseado em conhecimentos adaptativos no contexto escolar;
- demonstra ser falso e não-adaptativo em situações da vida real.

Ao formularem argumentos conceituais, os alunos devem se aproximar cada vez mais daqueles aceitos pela ciência atual. Isso obriga a comunidade escolar a manter uma permanente busca de acuidade conceitual, enfrentado a profundidade teórica da ciência sem a obscuridade das imposturas intelectuais.

3. SELECIONAR UMA VARIEDADE DE TEXTOS E IMAGENS ADEQUADAS AOS ALUNOS

RELATOS CIENTÍFICOS

O trabalho com os conhecimentos científicos está muito ligado a textos informativos, figuras e imagens. Deve-se planejar a passagem do mundo das fábulas ao mundo da descrição e da dissertação, procurando apresentar o aluno ao contexto típico do mundo científico. Isso não significa, no entanto, que os textos devam ser áridos e cheios de nomes incompreensíveis. Existe até mesmo uma caricatura do que seja "linguagem científica" que deve ser evitada a todo custo. De acordo com ela, um cientista, na mesa do café da manhã, diria para sua esposa: - "Foi demonstrado por este autor, com base em evidências preliminares que ainda não foram confirmadas por outros investigadores, que a quantidade apropriada de leite não está presente na geladeira"[38]. O abuso da voz passiva e a utilização de formas rebuscadas de referir-se à própria pessoa fazem parte dessa "estética", que faz os textos ficarem chatos e difíceis de serem lidos até mesmo pelos próprios cientistas. Não é verdade que eles gostem de escrever de forma pedante e a leitura de textos desestimulantes não deveria ser exigida dos alunos. Diversos cientistas de renome — bastaria citar Isaac Asimov,

---
[38] Valeria a pena consultar o artigo de Bernard Dixon (Plain Words Please, New Scientist I865:39-40), onde ele se queixa, como editor de uma revista científica, da forma como os cientistas escrevem seus artigos (ele é editor da revista científica Medical Science Research).

Carl Sagan e Stephen Jay Gould — têm textos com precisão científica e qualidade literária e são bastante acessíveis ao público brasileiro.

Por outro lado, a utilização de textos originais de cientistas do passado, recurso muito útil quando utilizado de forma adequada, não deve ser feita sem situá-los em seu contexto específico, de maneira que os alunos percebam que os escritos pertencem à outra época. Os cientistas do passado escreviam textos com um certo romantismo e profundidade filosófica, mas às vezes estavam carregados de misticismo. Por exemplo, um cientista alemão que foi um dos fundadores da cidade de Blumenau, em Santa Catarina, Fritz Müller, realizou uma série de observações e descobertas, tendo desenvolvido extensa correspondência com Charles Darwin (1809-1882). É possível encontrar textos onde este grande zoólogo analisa as evidências da existência do "minhocão" como os caboclos o chamavam. Ele sairia de dentro da terra após uma chuva muito forte, teria quase um metro de diâmetro e dezenas de metros de comprimento. Até hoje, em muitos lugares, esse "verme gigante" ainda é temido, mas ele não passa de um produto da imaginação. Após chuvas fortes, a enxurrada deixa marcar profundas, principalmente em lugares devastados para plantio. São canais circulares, com marcas da correnteza em suas paredes, que se assemelham aos anéis de vermes como as minhocas.

Um texto como esse, caso tivesse sido escrito nos dias de hoje, não poderia ser levado a sério, e revelaria um mau cientista. O contexto da situação, no entanto, revela quadro diferente. Müller viveu no século passado, deslumbrado com a riqueza de espécies da Mata Atlântica, que nunca tinha imaginado ser tão ampla, nem mesmo durante seus estudos na fria Alemanha. Além disso, tinha aprendido a respeitar o conhecimento das populações locais e dos indígenas, depois de diversas tragédias pessoais e inundações da cidade (em uma das quais perdeu todos os seus pertences).[39]

O desenvolvimento da competência leitora deve envolver o trabalho de diferentes áreas e as ciências devem estar integradas nesse esforço. Assim, os contextos de leitura, ao se modificarem, trazem mais motivação ao aluno, alargando a perspectiva de uso dos códigos escritos. Embora muito se tenha dito sobre a necessidade de desenvolver a autonomia do aluno nas atividades de leitura, os contextos científicos podem contribuir de maneira muito significativa para dar significado ao uso da língua escrita.

---

[39] Recomendo a leitura do livro de Moacyr Werneck de Castro "O Sábio e a Floresta", Editora Rocco (1992).

MATERIAIS DIDÁTICOS

A utilização de livros didáticos tem estado revestida de certa polêmica. De um lado, propostas pedagógicas ditas de vanguarda têm pregado seu abandono, como se um professor sem livro didático fosse sinônimo de profissional erudito, mais bem qualificado, mais empenhado em seu trabalho etc. Por outro lado, os órgãos executivos, como secretarias de educação e o próprio o Ministério da Educação (MEC), frequentemente remetem ao professor diversas alternativas ao livro didático, como materiais impressos na forma de apostilas, conteúdos digitais transmitidos via internet, etc. Isso pode trazer alguma perplexidade sobre o que utilizar.

A questão não pode ser colocada contrastando o veículo da apresentação dos materiais didáticos, mas sim sua eficiência. Os materiais, sejam eles impressos ou virtuais, devem ser de **qualidade**. Não se trata de uma questão estética, mas sobretudo de uma determinação legal. Segundo a Lei de Diretrizes e Bases, cabe ao professor zelar pela aprendizagem dos alunos[40]. Isso significa que a escolha dos materiais didáticos deve ser realizada pelo professor, que não deve abrir mão dessa prerrogativa legal. É claro que a escolha do professor deve estar em sintonia com seu trabalho e com o projeto pedagógico da escola. Participar de sua elaboração é outra obrigação legal[41]. A elaboração de um plano de trabalho, o planejamento da disciplina, é uma obrigação do professor, que deve levar em consideração o projeto pedagógico da escola. E cada escola deve fazer valer sua autonomia pedagógica, definindo um projeto pedagógico próprio, adequado para a realidade na qual a escola está inserida[42]. Assim, a questão "qual o melhor material" se transforma em "que material é mais adequado para a proposta pedagógica da escola"?

Graciliano Ramos, o grande escritor, conta uma história de verdadeiras torturas ao se referir à maneira pela qual foi ensinado a ler e escrever quando era um jovem aprendiz. Isto acaso comprova que aqueles métodos devem continuar a ser utilizados, quase um século depois? Existem formas modernas e mais eficientes de ensinar e elas

---

[40] Lei 9394/1996, Art 13, III

[41] Essa determinação é tão forte, que comparece em dois momentos na mesma lei (9394/1996). No Art. 13, que fala das obrigações dos professores, ela aparece com destaque (inciso I) e no Art 14, ao tratar das obrigações dos sistemas de ensino, e define, novamente com destaque e como princípio, a participação dos profissionais da educação na elaboração do projeto pedagógico da escola (inciso I).

[42] A autonomia pedagógica da escola está definida não apenas no espírito da Lei de Diretrizes e Bases da Educação Nacional (Lei 9394/1996, em especial Art 12, I), como também na própria Constituição Federal, que garante o pluralismo pedagógico

podem – na verdade, devem – estar incorporadas ao cotidiano do professor. Um bom exercício poderá ser realizado comparando dois exemplos de textos que têm o mesmo objetivo básico, ou seja contribuir para que alunos de 9 a 10 anos entendam como funcionam os pulmões. Os dois textos estão separados por cerca de 100 anos e sua leitura revelará, causando certa surpresa, que nem sempre as opções mais modernas são necessariamente melhores. Ao mesmo tempo, longe de tentar estabelecer linhas divisórias nítidas entre o bom e o mau, deve ficar clara a influência do contexto sociocultural na elaboração dos materiais didáticos a cada época.

Sua leitura revela diferentes concepções de aluno (ou leitor), sempre presentes em todo texto didático e que merecem atenção especial do professor. Observe o fato de que esses dois textos poderiam fazer parte de um livro didático, uma apostila impressa em uma gráfica de uma grande editora ou em uma pequena máquina copiadora na escola, ou uma página na internet.

Texto Antigo

O primeiro texto foi extraído do livro "História de um Bocadinho de Pão", de João Macé, escrito no final do século XIX como um livro didático destinado às meninas (que tinham educação diferente daquela própria dos meninos), um texto (propositalmente) antigo, reproduzido com a ortografia da época:

Carta XIX

Creio ter-lhe dito o bastante, minha menina, para fazer idéia aproximada da força com que o ar comprime todos os corpos que estão na superfície da terra, e por conseguinte tambem o nosso.

Entendido isto, nada há mais facil de perceber do que o modo por que gira o ar em nossos pulmões.

Que faz a cozinheira quando quer acender o carvão com duas ou tres brazinhas?

-Péga no folle.

-E quando não tem o folle?

— *Sopra com toda a força.*

Somos então um folle de carne e osso, visto podermos substituir o de coiro e páo? E, se podemos fazer de folle, será que temos dentro de nós uma maquininha feita como elle?

Exactamente, e isso offerece-me ensejo de lhe ensinar o movimento dos pulmões, de lhe explicar o do folle, que anda na mão de tanta gente e que as tres quartas partes dos que d'elle se servem nunca trataram de estudar.

O folle, como sabe, compõe-se de duas taboinhas, que se unem e separam á vontade, reunidas por um coiro applicado de modo que encolhe quando as taboinhas se juntam, formando entre ambas uma especie de caixa bem fechada, cuja capacidade augmenta ou diminue a cada movimento das taboinhas.

Quando pegamos no folle, as taboinhas estão unias e a caixa pequena. Que ella tem dentro?

-Nada, está vazia.

-Ah! julga isso? Então tambem lhe parece que os copos ficam vazios bebendo-se o que eles contêm, e que o mesmo succede ás compoteiras, depois de comida a compota? Não é tanto como cuida, minha menina. Esquece-se do ar; d'este bruto, que só quer estar á sua vontade e que leva tudo adiante de si. É creatura que não sabe o que é acanhamento e que trata de apanhar logar mal os outros o deixam: a cada colher de doce que a menina tirar para o prato occupa imediatamente o logar d'elle; a cada gole que bebe, substitue a agua que desapparece. Quando a menina pensa que o copo e a compoteira estão razios, estão cheios de ar. Não o vê, mas lá está, póde estar certa d'isso.

Mas, abrindo de repente as duas taboinhas, a caixa de pequena faz se grande. D'esta vez está vazia, pelo menos metade, porque se formou n'ella um espaço onde positivamente nada havia, visto não existir lá antes. (...)

Dissemos que o ar exterior exerce sempre e em toda parte sua força impulsiva (...) quando encontra espaço no interior da caixa, entra e enche-a."

Mas de repente vê-se entre as duas taboinhas unidas. Convidam-n'o ellas delicadamente a retirar-se, como os cordões de sentinellas, que se estendem á hora do recolher, no Luxembourgo e nas Talheiras, e levam adiante de si os passeiantes, até elles enfiarem pela porta. (...)

Ora eis ahi o que se passa no nosso peito.

O seu peito, minha menina, é uma caixa que alarga e encolhe alternativamente, dando no primeiro caso ao ar o logar, de que o faz sahir, no segundo. É exactamente como um folle (...)"

Perceba-se a localização da cozinha para a analogia e o caráter feminino do diálogo, a familiaridade do fole que parecia estar ao alcance de todos, a referência a uma empregada subalterna e ao contexto europeu "chique", um testemunho das relações sociais de uma época em que as cozinheiras geralmente eram ex-escravas. Mas perceba-se também o cuidado em manter a atenção da leitora, incitá-la a testar suas crenças com desafios. Existe, com certeza, uma concepção elaborada do que seja esta menina a educar, de sua capacidade de raciocinar e interagir com o texto, dos valores que se pretende cultivar.

Texto moderno

Um texto fictício é apresentado a seguir. Ele está baseado em texto didático de grande sucesso de vendas, que tem com os mesmos objetivos do texto anterior e é dirigido à mesma faixa etária. Como peça de ficção, ele foi escrito de maneira a ser original, mas, diante de sua função neste ponto de nossa reflexão, ele não pode ser um texto exótico ou exagerado.[43]

"**Sistema Respiratório**
Damos o nome ao conjunto de órgãos responsáveis pela respiração de *sistema* respiratório. Ao respirar, o nosso organismo retira oxigênio do ar e devolve gás carbônico, que é desnecessário ao nosso corpo.
Ao respirar, nosso organismo realiza dois movimentos: a inspiração e a expiração.
Através da Inspiração o ar entra em nosso corpo; os pulmões se dilatam, isto é, aumentam de tamanho. Na Expiração o ar sai de nosso corpo; os pulmões se contraem, isto é, diminuem de tamanho.
Os movimentos da respiração dependem da ajuda de um músculo cha-

---

[43] Fique registrado que qualquer semelhança com textos reais é apenas mera coincidência, uma vez que se pretendeu apenas retratar a abordagem tradicional nos dias de hoje.

mado diafragma, que separa o tórax e o abdômen.
O conjunto de órgãos que compõe o sistema respiratório é o seguinte: fossas nasais, faringe, laringe, traqueia, brônquios, bronquíolos, alvéolos pulmonares e pulmões. (...)

Etapas da Respiração
1- O ar com oxigênio em abundância entra pelas *narinas* e se dirige para as *fossas nasais*. Nas *fossas nasais*, ele passa por uma pequena filtragem.
2- Das fossas nasais, o ar passa pela faringe, pela laringe, vai para a traqueia e chega aos brônquios. Na *traqueia*, o ar torna-se mais puro, porque é filtrado novamente.
3- Pelos brônquios e suas ramificações (bronquíolos), o ar penetra nos pulmões.
4- Nos pulmões, o sangue que vem do coração recolhe o oxigênio e deixa o gás carbônico que trouxe das outras partes do corpo.
5- Dos pulmões, o sangue volta ao coração, que leva o oxigênio a todas as partes do corpo, e o gás carbônico é expelido através da expiração, pelo nariz ou pela boca quando o diafragma relaxa."

As partes de difícil compreensão, termos técnicos e explicações que provavelmente estarão sendo vistas pela primeira vez pelos alunos, foram sublinhadas. Pelo grau de dificuldade que apresenta, este texto moderno traz, também ele, uma concepção bastante elaborada de aprendiz. Algumas características são bem visíveis, por exemplo, o número de termos técnicos e explicações difíceis. Além disso, deve-se notar uma importante característica semântica que diferencia os dois textos. Apesar de tratarem dos mesmos conceitos, utilizam terminologia diferente. O texto antigo trata da "função pulmonar", uma expressão bem definida, enquanto o texto moderno fala da "respiração", um termo muito amplo, com conotações diferentes, que se aplica a diferentes situações e contextos. Não surpreenderia se a menina do final do século passado tivesse adquirido compreensão maior a respeito da ventilação pulmonar do que os alunos de hoje em dia.

Comparação: Antigo x Moderno
Pode-se notar concepções completamente distintas de aprendiz nos dois textos. O primeiro, parece dirigido a uma menina branca da elite; o segundo parece dirigido a uma criança que não pode compreender conceitos básicos e que deve memorizar uma imensa lista de no-

mes. O primeiro texto parece ter como grande objetivo instruir a elite, fazendo-a compreender fenômenos cotidianos. O segundo texto, por outro lado, parece ter como grande objetivo levar ao cidadão comum o conhecimento de alguns nomes e termos técnicos, sem qualquer compromisso com a compreensão que venha a ter do mundo à sua volta.

Esta comparação não tem por objetivo acrescentar ares saudosistas ao argumento do livro, mas evidenciar a necessidade de refletir sobre a concepção de aprendiz que projetamos em nossos alunos, bem como sobre a imagem de Ciência que lhes transmitimos. Um texto moderno e recente não é necessariamente melhor (ou pior) que outro antigo; ambos têm um leitor presumido e é sobre ele que o professor deve refletir ao selecionar textos escritos e imagens. A sofisticação de recursos disponíveis, as cores e o apelo da imagem, não devem inebriar o educador que procura formas de ilustrar os conteúdos escolares. O veículo utilizado, se um livro didático, uma apostila ou uma página na internet, não é o mais importante, pois é nada além do que um suporte ao texto. O educador deve pensar sobretudo nas qualidades do aprendiz que deseja formar e na sintonia do material escolhido com o projeto pedagógico da escola em que desenvolve seu trabalho.

4. PROPORCIONAR AOS ALUNOS PRÁTICAS DE EXPERIMENTAÇÃO

As aulas de ciências são geralmente cercadas de muita expectativa e interesse por parte dos alunos. Existe uma motivação natural por aulas que estejam dirigidas a enfrentar desafios e a investigar diversos aspectos da natureza sobre os quais a criança tem, naturalmente, grande interesse. A ideia de que as aulas de ciências serão desenvolvidas em laboratórios iguais aos dos cientistas é uma expectativa frequente e muito exagerada. As aulas de ciências podem ser desenvolvidas com atividades experimentais mas sem a sofisticação de laboratórios equipados, os quais poucas escolas de fato possuem (e mesmo quando os possuem é raro que estejam em condições de uso ou que os professores tenham treinamento suficiente para utilizá-lo).

É importante que o professor perceba que a experimentação é um elemento essencial nas aulas de ciências, mas que ele, por si só, não garante um bom aprendizado. Quando o aluno realiza um experimento ele tem a oportunidade de verificar se aquilo que pensa, de fato ocorre, a partir de elementos sobre os quais não tem controle absoluto. Assim, é comum que os alunos sejam obrigados a rever o que pensam sobre um determinado fenômeno quando colhem dados que não confirmam suas crenças anteriores. Mas não se pode esperar que a simples realização de um experimento seja suficiente para modificar a forma de pensar dos alunos; eles tenderão a encontrar explicações para o ocorrido que diferem do que o professor esperaria. Isso significa que a realização de experimentos é uma tarefa importante, mas que não dispensa o acompanhamento constante do professor, que deve pesquisar quais são as explicações que os alunos apresentam para os resultados encontrados. É comum que seja necessário propor uma nova situação, que desafie a explicação encontrada pelos alunos.

Por exemplo, suponhamos que o professor pergunte a seus alunos da primeira série (7 – 8 anos) o que deve ocorrer se um pouco de água for deixada em um prato na janela da classe. O prato é colocado na sexta-feira e os alunos verificam na segunda-feira que a água desapareceu. O professor espera que os alunos digam que a água evaporou, mas, se proporcionar oportunidade de expressarem suas ideias, é provável que alguns acreditem que alguém entrou na sala, no fim de semana e retirou a água do prato, ou que um gato a bebeu. É provável que surjam algumas propostas: a experiência pode ser repetida em casa, onde os alunos podem "vigiar" o prato; ou então ele pode ser guardado em uma sala trancada. Com esse problema resolvido, o professor poderia, então, propor um novo desafio: para onde foi a água que estava no prato? Novas explicações surgirão e os alunos podem ser estimulados a pensar outras maneiras de testá-las. Por exemplo, pode colocar um pequeno pires com água dentro de um grande saco de plástico tampado, cheio de ar (é importante que esse saco plástico não seja enchido com o ar da expiração, ou seja, não deve ser "soprado"). Ao cabo de um ou dois dias, a água deve ter sumido do pires e provavelmente existirão gotinhas de água nas paredes do saco plástico. O que ocorreu com a água do pires? O professor pode explorar exemplos conhecidos dos alunos, como as roupas que secam no varal, o chão molhado que se seca após algum tempo, a água da chuva nas ruas e calçadas. Pode até mesmo explorar com seus alunos a formação das nuvens e as chuvas.

Existirá sempre a dúvida em relação aos "experimentos que não dão certo", fonte comum de embaraço para o professor. Como enfrentar essa situação?

Adiante, é apresentada uma tradicional experiência realizada com alunos pequenos, que nunca teve os resultados descritos apropriadamente nos livros didáticos. Mas alunos e professor foram sistematicamente levados a modificar suas observações de maneira a ajustá-las àquilo que "deveria" acontecer, empobrecendo a riqueza da oportunidade de exercitar uma das características mais fascinantes do trabalho com o conhecimento científico, que é a possibilidade de levantar hipóteses originais. Toda vez que são encontradas evidências diferentes daquelas esperadas não se tem necessariamente motivos para lamentar um fracasso; talvez, ao contrário, esteja se abrindo uma oportunidade de reflexão que pode ser explorada de forma produtiva pela classe.

Alguns experimentos podem ser chamados de "exploratórios", isto é, pretende-se conhecer resultados que não são facilmente antecipáveis. Por exemplo, o professor pode pedir que os alunos façam uma coleta dos insetos presentes em sua casa, ou na escola. É difícil saber exatamente qual será o resultado, embora possa ser esperada certa diversidade de insetos e aracnídeos. Mas outros experimentos são "demonstrações", onde se espera que os alunos possam verificar em termos práticos a ocorrência de certo processo ou fenômeno. Nesse caso, podem ocorrer decepções, mas que não podem abalar a confiança na experimentação. Investigar as razões pelas quais os resultados encontrados foram diferentes dos previstos pode ser uma alternativa tão rica quanto aquela de obtê-los. A germinação de feijões, por exemplo, tem resultados previsíveis; no entanto, até mesmo experientes agricultores por vezes têm resultados imprevistos. Alguns grãos simplesmente não germinam, e é por esta razão que todo lote de sementes selecionadas tem um índice de germinação. Se ele é de 50%, significa que se espera que apenas metade delas germine, e isso faz com que o agricultor coloque duas (ou três) sementes por cova. Investigar a razão de um grão de feijão não ter germinado pode, como se vê, ser uma fonte de pesquisas adicionais muito interessantes.

Essas situações ilustram como a experimentação pode ter um importante papel na modificação das ideias dos alunos, como eles podem colher dados que não dependem diretamente de seu controle e qual o papel do professor diante da experimentação.

5. DESENVOLVER "PROJETOS DE CIÊNCIAS"

Os experimentos nas aulas de ciências são momentos aguardados com muita ansiedade e expectativa pelos alunos. Existe quase sempre a certeza que uma experiência envolva tubos de ensaio, produção de fumaça e algum aspecto mágico, como mudança de cor etc.

Não se deve frustrar essa expectativa, mesmo se ela reflete uma certa distorção do verdadeiro papel do estudo dos conteúdos científicos na escola e sua aplicação na vida diária. No entanto, ao mesmo tempo, é necessário proporcionar aos alunos oportunidades de reflexão e ação mais realistas, de maneira que eles possam entender que a importância da Ciência está ligada muito mais a posturas cotidianas, a maneiras de posicionar-se diante do desconhecido, de problematizar situações que não parecem oferecer nenhuma dúvida, de perceber que existem maneiras diferentes de entender o mundo.

A introdução dessa postura de "trabalho científico no dia a dia" pode ser feita através da proposta de "projetos", um nome genérico que admite diferentes interpretações. A ideia de projeto nos remete a algo pré-estabelecido, como um projeto de construção de uma casa, uma descrição detalhada do produto final a que se quer chegar. Mas a ideia de projeto é normalmente utilizada para expressões muito mais amplas, como por exemplo "projeto de vida", algo não tão bem definido como um desenho arquitetônico. No contexto escolar, "projeto" de ensino refere-se a evento especial, por vezes ligado a interações entre diferentes professores, com um produto final estipulado (como "produzir um jornal mural"), ou mesmo a utilização de recursos pouco comuns na sala de aula (como uma "excursão", "estudo do meio", "uso da Internet" etc.). A ideia de "projeto de ciências" situa-se a meio caminho entre a objetividade da planta de uma casa e a subjetividade das intenções de metas para a vida, e tem por objetivo central proporcionar aos alunos oportunidades para exercitar habilidades próprias do trabalho científico.

Os "projetos de ciências" são tributários dos Clubes de Ciência, que foram bastante popularizados na década de 1960 no Brasil e que trouxeram muito entusiasmo aos jovens. De certa forma, estimulava-se a ideia de que as crianças desenvolviam pesquisas "reais", incentivando-as a adotarem uma postura de "pequeno cientista", geralmente ligada a estereótipos. Não há como negar que essa proposta estivesse ligada ao espírito da época, que via no ensino de ciências uma maneira de localizar talentos precocemente, que seriam rapidamente direcionados para as carreiras científicas. Da mesma forma, popularizava-se a ideia de ciência, colocando-a ao alcance de todos, mesmo que de forma parcial. As críticas aos "Clubes de Ciência" apontam para seu aspecto ideológico, ao distorcerem a imagem e a própria natureza do empreendimento científico, apresentado como exercício alienado da curiosidade individual de "iniciados", sem qualquer vínculo com a realidade econômica, política e social de seu tempo. Outras críticas apontam para a caricaturização do empreendimento científico, simplificado excessivamente e, o que é pior, trazendo a impressão de que as aulas de ciências, como parte do currículo, possam ser menos interessantes e produtivas do que atividades exóticas e esporádicas.

No entanto, malgrado as diversas críticas, não se pode rotular genericamente todo o empreendimento científico como intrinsecamente negativo. É verdade que a maior parte das pesquisas científicas têm sido desenvolvidas pelos setores militares e da indústria farmacêutica, mas isso não significa que toda a ciência esteja a favor de interesses bélicos e que os produtos farmacêuticos não sejam necessários. A proposta de "projetos de ciências" pode ser feita mantendo-se uma postura crítica diante de nosso contexto social, entendendo – isso é o principal – que o desenvolvimento de capacidades ligadas ao domínio da ciência contribuem para o desenvolvimento do espírito crítico, da cidadania e da integração social. Em outras palavras, pode-se estimular uma postura investigativa nos alunos dissociada de uma visão ingênua do que seja a imagem da ciência e o trabalho do cientista. Por outro lado, bem conduzidos, os "projetos de ciências" tendem a valorizar as aulas formais da disciplina, ampliando sua participação na vida escolar do aluno.

Os "projetos de ciências" devem desenvolver o interesse e a motivação dos alunos. Investigar um mesmo problema por um tempo considerável, da pré-escola à universidade, proporciona momentos de reflexão aprofundada, onde o jovem pode ter o tempo necessário para pensar um problema a partir de diferentes pontos de vista, antecipar as críticas que irá receber e pensar alternativas de investigação. A vida diária de nossos jovens os conduz em sentido inverso: os apelos publicitários, as revistas, a TV, os softwares, via de regra, exigem atenção concentrada por intervalos curtíssimos de tempo, alternando situações rapidamente como estratégia mercadológica. Os "projetos de ciências" não devem ser vistos como longas listas de tarefas sequenciais, como o licenciamento de um automóvel realizado sem o recurso a um despachante. Embora tais projetos requeiram tarefas repetitivas, elas não devem se tornar mecânicas; a cada coleta de dados deve-se cotejar os resultados obtidos com os acumulados, procurando por tendências ou contradições.

Os projetos têm ainda, contrariando a tradição antiga dos "Clubes de Ciência", um aspecto coletivo. Deve-se estimular o trabalho em equipe e de diferentes equipes sobre um mesmo problema, o que obriga todos os participantes a trocarem ideias e dados, autocriticando-se e sendo criticados. Isso contrasta com aquela imagem de pequeno cientista isolado em seu "laboratório de sótão". Nossos jovens devem ser estimulados a investigar com maior profundidade os problemas de seu tempo e de seu contexto social, sem induzi-los a caricaturas de cientista. Como enfrentar a fome? Como preservar o meio-ambiente? Quais as alternativas energéticas disponíveis e quais seus custos, inclusive ambientais? Esses temas podem motivar "projetos de ciências" em diferentes graus de ensino.

A introdução dos alunos a projetos de ciências poderia ser feita de maneira gradual. Nas séries iniciais os alunos poderiam pesquisar a metamorfose de larvas encontradas em troncos apodrecidos ou em goiabas e outros frutos "bichados". Um louva-a-deus poderia ser objeto de investigação, diante da tarefa de determinar sua dieta e posição na cadeia alimentar. Os alunos certamente se surpreenderão ao ver que esse inseto é carnívoro, capaz de capturar pequenas moscas em voo. Uma proposta de projeto para alunos com mais idade seria o de investigar focos de reprodução de mosquitos na escola e em casa, procurando identificar vetores de doenças, em especial a dengue.

Problemas amplos podem ser estudados por diferentes ângulos, de maneira a tornar os projetos de investigação viáveis e proporcionar constante diálogo com os conteúdos escolares, procedimentos e atitudes desenvolvidos nas aulas. Por exemplo, os alunos podem desenvolver um projeto de astronomia básica, realizando medições semanais da menor sombra diária de um bastão de um metro de comprimento, anotando o valor obtido, juntamente com os horários de nascer e pôr do sol, publicados diariamente nos jornais. Realizando esse trabalho ao longo do outono (a melhor época para o calendário escolar brasileiro) poderão perceber a relação entre a duração do dia e da noite, a variação do comprimento da sombra do meio-dia e as condições climáticas, numa abordagem do estudo das estações do ano alternativa àquela tradicionalmente pouco significativa para alunos e professor.

Outro "projeto de ciências" poderia ser proposto na forma de uma pesquisa das condições da água de rios próximos, através da coleta periódica de amostras utilizando "kits" de reagentes padronizados, que permitem estabelecer níveis de oxigênio disponível para os seres vivos, nível de coliformes fecais etc. ao longo de um semestre, ou mesmo de um ano. Os conteúdos de ecologia ganhariam muito mais relevância na escola caso os alunos pudessem aplicá-los de maneira direta, como nesse caso.

A conservação de alimentos e de seu poder nutritivo pode ser um tema de estudo em outro projeto, bem como a pesquisa do teor nutritivo de diferentes vegetais presentes em áreas críticas (como o nordeste brasileiro). O estudo de rótulos de alimentos proporciona momentos muito interessantes para refletir sobre a imagem de seu real poder nutricional, em especial diante da propaganda de alimentos com muita concentração calórica, em especial os que associam frituras e carboidratos a grandes quantidades de sódio.

A troca de dados entre diferentes grupos, de classes ou mesmo de escolas distantes, pode ser um grande estímulo para o desenvolvimento do projeto por diversas razões. Em primeiro lugar, os alunos terão uma ideia muito objetiva da relevância para outras pessoas do trabalho que realizam e se sentirão estimulados a prosseguir (motivação extrínseca). Em segundo lugar, as conclusões a que se pode chegar a partir de um conjunto de dados amplos são muito mais consistentes e possivelmente terão aplicação maior e mais imediata. Não menos importante, os alunos terão uma vivência muito realista do que é o trabalho científico real da atualidade, percebendo que a imagem de cientista apresentado como um maluco trancado no sótão de sua casa tendo ideias geniais e certeiras não passa de uma caricatura grosseira. Trabalho cooperativo, ampla base de dados, identificação de tendências, checagem de dados obtidos por outras equipes etc, fazem parte do trabalho científico real, que permitem aos alunos entender melhor os limites de validade do conhecimento científico.

As experiências bem sucedidas de "projetos de ciências" apontam para algumas características importantes a serem observadas.

a. Definição de Objetivos: o projeto deve ter objetivos claramente definidos, como por exemplo "determinar a dieta do louva-a-deus", ou "medir o nível de oxigênio, nitrato e fosfato e coliformes fecais ao longo de quatro meses no ribeirão ao lado da escola" etc. Deve-se evitar a apresentação de projetos muito genéricos, como por exemplo "Estudo de Insetos" ou "Estudo da Água" ou "Confecção de um Mural".

b. Pesquisa Bibliográfica: o professor deve realizar pesquisas que possam orientar os alunos a desenvolver o projeto. O recurso a especialistas pode ser estimulado sempre que possível, mas oferecer bibliografia adequada aos alunos é tarefa do professor. Sem ela, os alunos perderão a oportunidade de mostrar sua capacidade de "avançar" no assunto, colhendo dados que podem ser desconhecidos até mesmo pelo professor.

c. Comunicação Periódica: os trabalhos devem ser acompanhados rotineiramente, através da apresentação de dados parciais, dificuldades surgidas, alternativas a serem implementadas etc. Deve-se evitar projetos muito curtos, que tenham início e fim muito próximos.

d. Socialização de Resultados: os projetos devem caminhar para eventos, onde os alunos possam apresentar e discutir seus resultados, os métodos empregados, as dificuldades surgidas, suas conclusões. Esses eventos têm sido chamados de "fechamentos" e são importantes para consolidar conclusões e socializar os resultados. Diferentes equipes que tenham desenvolvido o mesmo projeto poderão apresentar e discutir seus dados. Na medida do possível, devem ser convidados pais, outros professores e algum especialista na área do projeto, que pode presenciar a exposição e fazer observações.

e. A escola é o local-chave: Tão importante quanto ter o professor na direção dos projetos é sediar na escola seu desenvolvimento. Mesmo aproveitando oportunidades oferecidas por museus e centros de ciência, é preciso que o professor direcione a grande contribuição que esses espaços de educação não-formal podem proporcionar não só a seus alunos, mas também a suas aulas. Os "projetos de ciências" devem estar integrados ao projeto mais geral da escola e não devem ser vistos como parte "exótica" dos conteúdos escolares, dissociados do conhecimento reconhecido como válido e indispensável na própria escola. Pelo contrário, o conhecimento gerado pelos projetos, do ponto de vista ideal, deve ser reconhecido como útil para toda a comunidade e fazendo parte dos conteúdos escolares ligados a conceitos, procedimentos e atitudes.

6. SABER UTILIZAR COMPUTADORES NO ENSINO

No passado existiu considerável polêmica sobre a pertinência de utilizar computadores nas escolas. Essa polêmica tem hoje a mesma dimensão daquela gerada com a introdução das canetas esferográficas na escola[44]. Não existem dúvidas de que os computa-

---

[44] Há alguns anos, em meio a um debate sobre a pertinência do uso dos computadores, deparei-me com um discurso tão irado e genérico contra os computadores na escola, que a decorrência lógica era de que toda tecnologia seria prejudicial aos estudantes. Retruquei dizendo que, por coerência ao argumento, o professor (um matemático da USP) deveria ser contra canetas esferográficas. Qual não foi minha surpresa ao ouvir a resposta: ele não era contra canetas esferográficas apenas (que, segundo ele, tiram todo o "sentimento" da caligrafia e deixam sem sentido expressões como "carregar na tinta"), mas era também contra toca-discos, tocadores de CD, e música pelo rádio e TV. Acrescentou que ensinara a escrita a seus filhos com pena de ganso e música através do próprio violino. Nunca comprara um único disco!

dores podem ser úteis, mas podem também ser muito mal utilizados (assim como as canetas). Existem basicamente cinco formas de utilizar os computadores. A exposição que se segue procura mostrar as diversas formas de utilizar os computadores na escola, organizada segundo uma sequência decrescente de individualismo, ou seja, as primeiras formas refletem uso da máquina por alunos isolados, realizando trabalhos individuais. As últimas reúnem maneiras que proporcionam interação e contato com diversas pessoas.

a. Busca de Dados: os alunos podem ter acesso a bancos de dados *offline*, utilizando computadores equipados com leitor de DVD ou Blu-Ray, por exemplo. Têm oportunidade de ter acesso a grande número de informações para seus fins específicos, como ao realizar uma pesquisa escolar. É possível colocar toda a informação presente numa grande enciclopédia em um único disco ótico (como os DVDs de música, ou muitos DVDs em um Blu-Ray). A busca de dados pode ser realizada *online*, se houver recurso a formas de comunicação, em especial com velocidade que permita som e imagem de boa qualidade. Muitas escolas (e muitas famílias, no ambiente doméstico) têm instalado limitadores, que não permitem acesso a certos sítios da internet, ou que limitam a busca por filtros específicos.

b. Estudo de Propriedades: Outra forma de utilização se refere a diferentes possibilidades de programar o computador para que realize funções específicas. Pode-se, por exemplo, estudar as propriedades geométricas de diferentes figuras, programas, movimentos em um carrinho de brinquedo ou um robô industrial a partir do domínio de operações lógico-matemáticas, como por exemplo, com a utilização da linguagem LOGO.

c. Realização de Tarefas Específicas (Simulação): Outro nível de utilização do computador se refere ao uso de programas específicos, que atendem a fins específicos, como por exemplo, situar um observador em qualquer lugar do mundo em qualquer dia para observar o movimento do Sol, ou confeccionar um jornal. É possível utilizar computadores para simular experimentos, por exemplo, ao estudar a sombra de um bastão ao sol do meio-dia em qualquer dia do passado ou do futuro, em qualquer lugar do planeta, do equador aos polos.

Os simuladores podem nos ajudar a recriar imagens do céu que grandes cientistas do passado observaram. Veja um desenho feito por Galileu em 1610, no dia 25 de julho, e o que um simulador nos mostra como o céu do norte da Itália no mesmo instante:

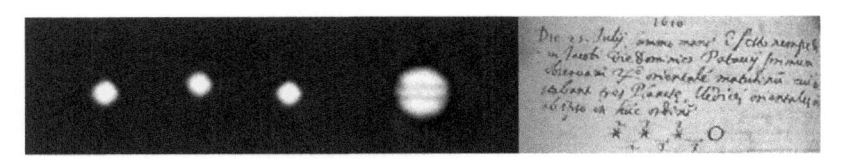

Anotação de Galileu Galilei do dia 25 de Julho de 1610, mostrando um esquema de sua observação ao telescópio.
À esquerda a imagem da tela de um computador recriando o detalhe que poderia ser observado naquele instante.

A simulação de experimentos tem a grande vantagem de economizar esforços e ampliar possibilidades, mas jamais deve ser tomada como uma alternativa que poderá fazer desaparecer a realização de experimentos reais, de tomada de medidas reais, onde os alunos devem planejar, executar e coletar informações de forma prática. Mas, de qualquer forma, a simulação evita expor os alunos a riscos, em experimentos perigosos, e permite conferir dados, especialmente se recebidos de outras escolas ou grupos de alunos.

d. Realização de Tarefas Genéricas: Outra forma de utilização se refere ao uso de programas específicos que, no entanto, realizam tarefas genéricas, como planilhas eletrônicas e processadores de texto. As planilhas podem, por exemplo, realizar cálculos (como a média e número de faltas dos alunos) e os processadores de texto substituem, com muitas vantagens, as máquinas de escrever.

e. Transmissão de Dados (Telemática): A quinta forma de utilização refere-se ao uso do computador como uma ferramenta importante e indispensável para transmissão de dados, como pesquisas bibliográficas realizadas a distância ou a troca de resultados de experimentos realizados em diferentes lugares. Várias escolas podem trabalhar numa base comum, como se seus alunos fizessem parte de um único grande grupo. Os games pedagógicos tem ganhado espaço no Brasil, possibilitando, por exemplo, que um contexto de viagem espacial seja utilizado para ensinar conceitos como o de planeta, órbita e sistema solar, por exemplo. O contexto lúdico permite fazer os estudantes somarem pontos e se divertirem em situações estimulantes do ponto de vista intelectual.

Uma possibilidade que já está ao alcance das escolas públicas, mesmo em regiões remotas, é a conexão à Internet, onde alunos podem desenvolver projetos de trabalho cooperativo com alunos de outras escolas, localizadas em lugares diferentes do Brasil e de outros países. Por exemplo, podem medir a sombra de um bastão de um metro de altura ao meio-dia e transmitir essa informação a outras escolas, situadas em diferentes latitudes, inclusive em outro hemisfério, cedendo e recebendo informação quase que instantaneamente. Poderão assim, saber qual é a altura do sol no céu do meio-dia poucos minutos depois da medida ter sido realizada em diferentes pontos do planeta. Se forem alunos pequenos, tenderão a duvidar dos resultados recebidos de outras latitudes e, especialmente, do outro hemisfério. Um simulador (como aquele comentado há pouco) poderá ajudá-los a tirar suas dúvidas.

Com a utilização dos computadores, os alunos poderão se surpreender ao ver que no dia 21 de junho a sombra de um bastão de um metro de altura tem um metro e meio de comprimento, no momento em que o Sol está em seu ponto mais alto no céu (meio-dia real), na cidade de São Paulo, e que essa sombra aponta para o sul. Realizando a mesma medida periodicamente, perceberão que essa medida decresce até se tornar nula no dia 21 de dezembro. Além de compreender o conceito de **trópico**, lugar onde o sol fica a pino no início do verão, os alunos poderão comparar seus resultados com os obtidos por escolas em outros países. Uma escola no norte da Inglaterra estaria registrando uma sombra muito próxima daquela encontrada em São Paulo no primeiro dia do inverno, mas, no hemisfério norte, outra estação do ano, o verão, estaria começando. Aquela seria, na verdade, a sombra mais curta do ano e apontaria para o norte. Continuando as medições e trocando informações com escolas brasileiras, perceberiam que, ao contrário do que aqui ocorre, as sombras aumentam até atingir cerca de quatro metros no dia 21 de dezembro, sempre apontando para o norte e, nessa época, em meio a muita neve.

A troca de mensagens, e até mesmo de imagens, é muito facilitada por programas para os quais é necessário pouco ou mesmo nenhum treinamento específico e, além disso, os custos envolvidos nesse tipo de utilização de computadores são muito mais baixos do que normalmente se imagina.

O que deve ficar claro é que os computadores apenas ampliam as possibilidades de atuação de alunos e professor, mas são incapazes de substituí-los em suas tarefas básicas e essenciais. Desta forma, os computadores são apenas e tão somente uma ferramenta à disposição da escola.

7. O PLANEJAMENTO CURRICULAR E PROGRAMÁTICO

A distribuição dos conteúdos a serem abordados e das estratégias e métodos a serem utilizados fazem parte das atividades de planejamento curricular, tarefas que os professores normalmente realizam no início do semestre do mesmo ano letivo. Mesmo quando o professor é polivalente, isto é, desenvolve sozinho todas as áreas do currículo escolar, a atividade de planejamento não deve ser solitária.

Em algumas escolas existe divisão de aulas, em geral um professor cuida da área de Matemática e Ciências e outro de Português, História e Geografia. Neste caso, existe maior possibilidade de interlocutores, somando experiências de diferentes educadores para planejar o que será realizado ao longo do ano letivo. Essa divisão de assuntos deve ser vista por seu lado positivo, como uma oportunidade para que o professor possa concentrar sua atenção em assuntos não tão diversificados, como costumam ser aqueles referentes a todo o currículo. Isso não significa que a classe deva ser "dividida", como se não fosse uma única sala de aula e um único grupo de alunos. Eles devem perceber que suas aulas de matemática e ciências estão sintonizadas com as de português, história e geografia. O planejamento curricular é o melhor momento para começar a estabelecer essa sintonia, ao prever momentos de integração entre diferentes áreas. Por exemplo, um conteúdo da área de ciências pode ser explorado pelo lado histórico ou geográfico. Caso esteja baseado em texto escrito, poderia ser trabalhado conjuntamente em ciências e português, por exemplo. Mas o mais importante não é essa duplicação de tarefas; não é verdade que um texto, pelo simples fato de ser utilizado por dois professores, proporcione "integração" ou "interdisciplinaridade". A sintonia entre diferentes professores depende de um projeto mais geral de escola, onde estejam contemplados diferentes valores e posturas a serem incentivados nas mais diversas situações, desde os aspectos disciplinares até a postura diante do conhecimento.

Em 1996 o planejamento curricular das escolas brasileiras começou a contar com a referência dos Parâmetros Curriculares Nacionais (PCN). Diferentes temas foram ali contemplados e serão úteis para repensar questões que vão desde o repensar o projeto de escola como um todo, até o trabalho do dia a dia da intimidade de cada área. Eles trouxeram alternativas interessantes, sugerindo formas de abordar assuntos de maneira diferente da lógica da própria ciência. Ao priorizar temas, em lugar de conceitos isolados, pode-se fazer confluir para uma mesma aula ou bloco de aulas diferentes áreas científicas.

Os PCN de Ciências Naturais apresentam a proposta de tratamento de conteúdos por **eixos temáticos**, blocos de conteúdos que integram diferentes áreas do conhecimento, que são desenvolvidos ao mesmo tempo em que se consideram outras temáticas comuns a todas as disciplinas, os **temas transversais**. A área de Ciências Naturais tem a proposta de trabalho com quatro eixos temáticos: Terra e Universo, Vida e Ambiente, Ser Humano e Saúde, e Tecnologia e Sociedade. A proposta de quatro eixos não significa que cada um deles se refira a uma das séries, mesmo porque os quatro eixos se aplicam para as oito séries do ensino fundamental. Espera-se que eles sejam desenvolvidos paralelamente, dentro de um planejamento curricular que os contemple ao longo de todos os anos do ensino fundamental.

Os temas transversais, Ética, Pluralidade Cultural, Saúde, Orientação Sexual, Meio Ambiente e Trabalho e Consumo, apresentam perspectivas de exploração de assuntos complexos e ser contemplados no planejamento curricular. Por exemplo, ao tratar de corpo humano, ao lado da abordagem de aspectos da anatomia e fisiologia do corpo humano, aspectos relacionados com a alimentação, os danos causados pela poluição, a pluralidade étnica da população brasileira, o desenvolvimento da sexualidade etc. poderão ser discutidos.

O planejamento curricular pode proporcionar momentos que aliem o estudo aprofundado de questões conceituais com temáticas mais amplas, incentivando a participação dos alunos nas questões de seu tempo e de seu interesse pessoal, fazendo da escola um espaço de exercício da cidadania plena.

É importante que o professor considere as intenções educativas que ensejaram a proposta pedagógica da escola, e que esta esteja em sintonia com as diferentes esferas normativa e administrativa. As escolas públicas, por pertencerem a uma rede administrativa municipal, estadual ou federal, mantêm relação próxima com um órgão governamental do poder executivo de alguma dessas esferas.

No entanto, as escolas pertencem a um **sistema de ensino**, que não pode se confundir com a rede administrativa do poder executivo, tal qual as escolas privadas e comunitárias. Esse sistema de ensino é regido diretamente por um órgão normativo (um conselho de educação) e os sistemas de ensino se articulam em regime de colaboração. Devido às características da organização do estado brasileiro, que é uma república que congrega diferentes estados em federação (e reconhecem um Distrito Federal), há leis e normas que alcançam todos os estados e o Distrito Federal. No caso da educação, a União tem competência para legislar sobre diretrizes e bases da educação e, para tanto, o poder executivo federal mantém um órgão colegiado, que é o Conselho Nacional de Educação, ligado ao Ministério da Educação, de onde emanam normas que alcançam todos os sistemas de ensino.

Assim, existem Diretrizes Curriculares Nacionais, que têm força de lei em todo território nacional. Além delas, os sistemas de ensino poderão ter normas complementares ou adicionais, inclusive na forma de diretrizes. Os órgãos do poder executivo, podem ainda editar parâmetros, orientações e propostas curriculares, mas é importante que se entenda que essas sugestões não são normas com valor legal, pois são apenas sugestões. O professor, ao participar da elaboração do projeto pedagógico da escola e de seu planejamento curricular e programático, deve estar atento a normas legais e sugestões, entendendo a natureza de cada uma delas.

É possível ainda que a carreira funcional dos profissionais da educação, e possivelmente o salário, seja influenciada por algum tipo de incentivo originado na esfera administrativa. Trata-se de outro tipo de influência, diferente de uma sugestão, que deve ser também encarada de maneira individual e coletiva. Por vezes a autonomia da escola, uma prerrogativa que, como vimos, tem fundamento na legislação federal, inclusive na Constituição, pode ser ameaçada por atos administrativos, o que certamente tem reflexos na organização cotidiana do trabalho do professor.

CAPÍTULO V — A TEORIA NA PRÁTICA

ESTE CAPÍTULO TRAZ ALGUMAS REFLEXÕES, ABORDANDO EXPLICITAMENTE alguns conteúdos na área de ciências, explicando as razões de se pregar o abandono de certas práticas tradicionais do passado, ao lado de propostas práticas que procuram exemplificar como podem ser organizadas atividades de acordo com a abordagem proposta neste livro. Os conteúdos escolhidos para serem tratados a seguir são tradicionais no ensino de ciências e o objetivo é ampliar a forma como vêm sendo abordados na maioria das vezes. Não se quer com essa escolha dizer que estes sejam os conteúdos mais importantes e nem mesmo que estas sejam as melhores atividades, ou que sejam únicas. Pretende-se apontar possibilidades para serem trabalhadas, reorganizadas e reelaboradas pelo professor usando a prática na sala de aula. Será possível, assim, aplicar essas propostas a outras situações.

Os conteúdos escolhidos foram divididos por quatro áreas de estudo, de grande importância conceitual nos anos iniciais do ensino fundamental. São elas: "Órgãos dos sentidos", "O planeta global", "A energia para plantas e animais" e "O ar e suas propriedades".

Cada uma dessas áreas está apresentada de maneira a contemplar três aspectos fundamentais. De início, explora-se "**o assunto**", procurando trazer subsídios ao professor; trata-se de uma abordagem conceitual, em conversa informal, aprofundando o conhecimento a ser trabalhado com os alunos. Nessa primeira seção será possível encontrar os conceitos principais envolvidos na área. Em seguida, a seção "**ideias e atividades**" traz uma série de sugestões de como desenvolver o tema junto aos alunos. Em alguns casos trata-se de uma série de situações didáticas comentadas onde o professor pode estimular a curiosidade de seus alunos e propor atividades de aproximação de conceitos dentro de um grande tema. Por fim, a seção "**comentários gerais**" traz considerações de natureza metodológica que visam tratar a perspectiva apontada neste livro em contexto específico, aproveitando algumas particularidades e sugerindo uma pequena bibliografia para alunos e professor.

Parte-se do pressuposto que tanto os professores quanto os alunos devem iniciar o estudo sistematizado de fenômenos naturais sabendo de antemão os objetivos a atingir. Dito de outra forma, o professor deve selecionar e organizar as atividades estabelecendo previamente os seus próprios objetivos considerando o seu grupo de alunos, o momento de escolaridade, o que já sabem sobre o que se vai estudar. Dessa forma, os objetivos sugeridos ao início de cada uma das sequências podem servir de referência para essa adaptação.

I. ÓRGÃOS DOS SENTIDOS

Esta sequência de atividades tem como objetivo central levar os alunos, especialmente das séries iniciais, a pensar como as pessoas percebem o conjunto de estímulos de diferentes naturezas que existe no ambiente. Os órgãos dos sentidos devem ser estudados em sua interação com a natureza física dos estímulos aos quais são sensíveis.

Outro grande objetivo dessa sequência de atividades é o de proporcionar aos alunos a oportunidade de perceber a importância de cada um dos sentidos e como eles se relacionam.

Inicialmente, um texto introdutório dirigido ao professor expõe alguns conceitos e informações importantes para seu trabalho.

A) O ASSUNTO: VER, OUVIR, SENTIR

Os órgãos dos sentidos são tradicionalmente abordados nas primeiras séries do ensino fundamental mas nem sempre de forma muito estimulante para alunos e professor. Às vezes, tem-se a impressão que os alunos devem aprender nomes mágicos, como "visão" e "audição", como se assim passassem e ver e ouvir melhor. Por outro lado, a proposta de simplesmente banir do currículo esses conteúdos não resolve o problema. Novos conteúdos, com o mesmo enfoque, acabarão por proporcionar as mesmas críticas.

É possível explorar os órgãos dos sentidos dentro de uma nova proposta, onde seja possível perceber que temos órgãos que são sensíveis a estímulos do ambiente, os quais, por sua vez, são muito diversificados. Luz, som e odores são percebidos de maneiras diferentes não apenas porque existam órgãos diferentes. Eles são estímulos de naturezas diferentes, cuja compreensão poderá ajudar em muito a entender o ambiente à nossa volta. Portanto, ao estudar "órgãos dos sentidos" pode-se, na verdade, estudar os estímulos do ambiente e como eles são percebidos.

Fogos de artifício ao longe constituem um dos mais belos espetáculos que o homem conseguiu produzir. Há muitos séculos os chineses inventaram a pólvora e conseguiram impressionar nossa visão, audição e olfato de uma forma muito especial.

Se você estiver a uma certa distância dos fogos de artifício, poderá vê-los produzindo luz mas ouvirá o som um pouco mais tarde. Quanto mais longe estiver dos fogos, maior será a diferença entre a chegada do som e a chegada da luz. Você poderá ainda sentir o forte cheiro de pólvora, mas certamente isso vai demorar muito mais tempo ainda. Poderíamos concluir que os órgãos da visão são mais "eficientes" do que aqueles da audição, que, por sua vez, são melhores do que os responsáveis pelo olfato? Não!

Os órgãos dos sentidos estão ajustados para perceber diferentes estímulos à nossa volta. Mas eles são bem diferentes. Por exemplo, se uma bomba explodir fora da Terra, no espaço, poderá haver luz, mas não haverá barulho nenhum. A luz será produzida e poderá atravessar o espaço sem ar, chegando até seus olhos. Mas o mesmo não ocorre com o som. Ele precisa de algum meio material para ser transmitido. Por exemplo, se você atirar uma pedra em um lago de águas tranquilas, o impacto da pedra na água provocará uma oscilação, que será transmitida a todos os pontos do lago. Um pedaço de cortiça, por exemplo, que esteja boiando na margem do lago irá oscilar depois de algum tempo, quando tiver contato com as ondas provocadas pelo impacto da pedra na superfície do lago. Note que a cortiça não teve contato direto com nenhuma parte da pedra nem da água atingida por ela.

Imagine que seu ouvido estivesse ligado à cortiça e que você ouvisse apenas quando a cortiça se move. A diferença de tempo entre o que os seus olhos viram e seus ouvidos perceberam (a oscilação da cortiça) aumentou muito. Isso ocorreu porque as ondas da água se deslocam com uma certa velocidade. O som tem uma velocidade menor do que a luz e isso explica algumas de nossas percepções mais comuns. Um relâmpago é visto antes do que se ouve o barulho do trovão. Quanto mais próximos estiverem os dois, mais perto você está do raio.

O odor é sentido pelo olfato, mas de uma forma muito diferente. Nesse caso, nosso olfato não depende do deslocamento de ondas, mas do contato direto com as substâncias. O odor de uma rosa é o efeito de uma substância que saiu da rosa e chegou até o seu nariz. Por esta razão, o seu olfato tem que ser capaz de perceber quantidades muito pequenas de partículas, e mandar essa informação ao cérebro. Ele irá associar a informação mandada pelo olfato com aquela mandada pelos outros órgãos dos sentidos. Se o odor da rosa é sentido junto com a dor de um espinho, seu cérebro conclui que você tem uma rosa na mão. Se você olhar para ela, confirmará a conclusão, pois a luz que seus olhos recebem, forma a imagem de uma rosa em seus olhos.

O paladar e o olfato funcionam de forma associada. É por essa razão que é mais difícil perceber o gosto de um alimento com o nariz tampado. A visão também auxilia o paladar, fornecendo informações adicionais. Na cozinha japonesa, por exemplo, o aspecto visual de um prato é quase tão importante quanto seu aroma e sabor. Pode parecer estranho, mas a visão auxilia também a audição. Você já deve ter percebido que as pessoas que usam óculos têm dificuldade para ouvir quando estão sem eles.

Nossos órgãos dos sentidos são muito delicados. Eles têm que perceber variações muito pequenas do ambiente à nossa volta. Por esta razão podem ser afetados com facilidade, originando danos muitas vezes irreversíveis. Alguns cuidados básicos podem ajudar a manter nossos órgãos dos sentidos funcionando adequadamente.

Os olhos devem ser protegidos de estímulos muito fortes. Luzes intensas, como por exemplo aquela produzida pela solda elétrica, podem provocar cegueira. São muito comuns hoje em dia "canetas laser", que emitem um raio laser. Essa luz é muito intensa e pode também provocar cegueira. A própria luz do Sol pode ter o mesmo efeito. Olhar diretamente para o Sol traz dano irreversível aos olhos. Isso pode acontecer, por exemplo, no caso de observação de eclipses solares, quando as pessoas querem ver o que acontece com o Sol. A única proteção segura contra os raios solares neste caso é o vidro de soldador número 15, feito especialmente para proteger os olhos de luz intensa.[45]

---

[45] Trata-se da recomendação oficial da Sociedade Astronômica Brasileira (SAB).

Os ouvidos têm, na verdade, algo parecido com a cortiça do lago. Ouvimos quando uma pequena membrana, chamada tímpano, vibra. Ela movimenta três pequenos ossos, que transmitem esse movimento a partes mais internas, que mandam essa informação ao cérebro. Caso o tímpano seja perfurado ele pára de vibrar e assim não ouvimos nada. Portanto, não se deve introduzir nenhum objeto, nem mesmo cotonetes, no canal auditivo. A exposição a ruídos intensos também pode provocar, com o tempo, prejuízos à capacidade auditiva. Particularmente condenável é o uso de fones de ouvido em volume alto. Em locais de trabalho com muito ruído, como aeroportos, por exemplo, os trabalhadores devem receber protetores especiais, para evitar o desenvolvimento de surdez, que aparece com o tempo.

B) IDEIAS E ATIVIDADES

Pode-se explorar as ideias referentes aos estímulos do ambiente através de diferentes atividades, desde leitura de histórias até experimentos divertidos e curiosos. Os alunos poderão perceber a importância do meio físico na transmissão das ondas sonoras, a difusão de partículas influenciando nosso paladar e olfato e algumas propriedades da luz. As duas primeiras atividades constam de textos curtos, que podem ser lidos para os alunos das séries iniciais. Em seguida, são apresentadas algumas sugestões de atividades práticas, que poderão ser desenvolvidas em sala de aula, na forma de brincadeiras, experiências ou mesmo sugestões para que os alunos as façam em casa.

Atividade: (Leitura de texto): **A águia e o peixe**

Esta atividade tem por objetivo central chamar a atenção dos alunos para a luz e o som através de uma história que mistura elementos de fábula e realidade, utilizando como contexto dois jovens índios da região amazônica.

A ave e o peixe

Peri e Inaiá vivem em uma aldeia indígena perto do rio Xingu, no estado do Pará. Eles falam uma língua chamada Tupi e seu povo se chama Arauetê. Peri e Inaiá saíram para pescar com uma canoa emprestada. Mas não tinham dito nada para os adultos da aldeia, nem para o dono da canoa. Ninguém sabia onde estavam. O céu foi ficando escuro e começou uma tempestade. Eles ficaram com medo. Então uma águia pousou na canoa e falou:

— Eu sou o relâmpago. Eu voo muito rápido.

E a águia voou.
Um peixe colocou a cabeça para fora da água perto do canto da canoa onde estava Inaiá. Era um pirarucu enorme e bem vermelho. Ele disse:
— Eu sou o trovão. Eu nado o mais rápido que posso. Eu olho para cima e procuro a águia, mas ela sempre anda mais rápido.
Havia mais crianças na canoa, mas só Peri e Inaiá viram a ave e o peixe falando. Quando chegaram na aldeia, já de noite, contaram várias histórias de sua pescaria e essa era uma delas. Os tios deles nem podiam acreditar que a águia era o relâmpago e que o peixe era o trovão. Aí eles entenderam porque eles não podiam caminhar juntos.

Esse texto é baseado em lendas indígenas, mas escrito com muita liberdade. A referência aos índios serve, aqui, apenas como um ingrediente a mais para aguçar o interesse das crianças, introduzindo temas científicos. Além disso, traz um importante componente étnico, chamando a atenção das crianças para o índio e sua cultura. É comum que os textos sobre índios se refiram a eles no passado, através de expressões como "os índios viviam", "os índios comiam", como se estivessem extintos. É importante que o professor situe o texto no tempo presente: Peri e Inaiá vivem, comem, brincam, vão à escola.

Depois da leitura, abre-se a discussão com algumas perguntas aos alunos sobre o texto e as diversas leituras possíveis. O entendimento de diferentes alunos pode ser comparado a partir de suas respostas, instaurando um debate. Como esse texto é, na verdade, uma fábula, os alunos poderão tirar diferentes conclusões, a discussão sobre as suas explicações para os fenômenos se iniciam e o professor já pode ir conhecendo as diferentes formas de compreensão presentes no grupo de alunos.

Mas é importante também que os alunos entrem em contato com outros tipos de texto, onde existam informações mais precisas e interpretações menos diversificadas. Um exemplo é apresentado a seguir.

Atividade : (leitura de texto): **A corrida do relâmpago e do trovão**
Esta atividade tem por objetivo central levar os alunos a investigar a natureza distinta da luz e do som a partir de aproximações experimentais. Os alunos deverão perceber que a luz se propaga com velocidade muito maior do que a do som.

A corrida do relâmpago e do trovão
Em alguns dias quentes do verão o céu começa a ficar escuro, com

muitas nuvens. Começa o vento forte e os raios. Uma luz forte e um barulhão, que às vezes assusta, é o raio.

O relâmpago, aquela luz forte, e o trovão, aquele barulhão, são produzidos ao mesmo tempo. Você já notou que eles apostam uma corrida toda vez que aparece um raio?

O relâmpago chega antes que o trovão até você. O relâmpago consegue andar muito rápido, mas o trovão não consegue alcançá-lo.

Na próxima chuva, preste atenção na corrida que o relâmpago aposta com o trovão e veja quem ganha.

Nesse texto o aluno é chamado a compartilhar experiências factuais, mesmo que ainda existam ingredientes lúdicos, como a ideia de que relâmpago e trovão "apostam corrida". O professor pode conversar com os alunos sobre chuvas fortes, perguntando a eles o que é um raio, se já viram um raio no céu etc. Eles poderiam fazer desenhos, procurando mostrar o que pensam sobre o raio. Em certas épocas do ano as tempestades com raios são muito comuns; os alunos poderiam ter sua atenção despertada para próxima chuva, observando relâmpagos e trovões. Eles poderão contar a diferença de tempo entre o relâmpago e o trovão, sem precisar de relógio, apenas contando de forma espaçada: um, dois, três ... Eles poderão anotar algumas vezes e trazer para a sala de aula o resultado das contagens, evidenciando o fato de não caminharem sempre juntos. As discussões durante esse processo e as que seguem na tentativa de explicar os "porquês" são excelentes situações para os alunos buscarem organizar seus conhecimentos e as possibilidades de relação entre os fenômenos conhecidos.

É importante que o professor chame a atenção dos alunos para versões conflitantes, onde se estabeleçam contradições nos relatos e descrições. Deve-se procurar soluções colhendo mais elementos, que possam fundamentar uma escolha entre diferentes explicações. Não é importante que os alunos memorizem termos técnicos sofisticados, especialmente se forem de séries iniciais, como a primeira ou a segunda série. Dificilmente os alunos poderão estabelecer uma comparação significativa entre os valores numéricos da velocidade do som no ar (de cerca de 1200 Km/h)[46] e da velocidade da luz no vácuo (de cerca de 300.000 Km/s)[47]. No entanto, algumas compa-

---

[46] O valor preciso é 1193,3 Km/h

[47] O valor preciso é 299.792,5 Km/s

rações poderão ser estabelecidas, de forma que as crianças possam ter uma ideia da grande diferença de magnitude. Por exemplo, o professor pode dizer aos alunos que para percorrer a mesma distância que a luz atravessa em um segundo, o som leva pouco mais de dez dias!

O professor pode encaminhar o trabalho da classe de forma que sejam evidenciados os diferentes contextos aos quais podem ser aplicados os conceitos que serão aprendidos nesta sequência. O brilho do relâmpago e dos fogos de artifício têm uma mesma natureza, pois se trata de luz. O mesmo pode ser dito do brilho do sol e das estrelas, que percorrem o espaço a uma velocidade daquela ordem de grandeza. Um bom exemplo poderia ser encontrado no tempo que a luz do Sol despende para chegar à Terra, pouco mais de 8 minutos. Para que o som percorresse o mesmo espaço (o que é impossível pois o som não se propaga no vácuo) ele levaria pouco mais de treze anos e meio. A interdependência conceitual pode ficar evidente neste tema ao explorar as dimensões do universo a partir da distância percorrida pela luz em um ano (a unidade de medida chamada "ano-luz"). Os mais poderosos telescópios situados na Terra permitem enxergar astros situados até cerca de 10 bilhões de anos-luz, o que pode dar uma ideia das dimensões do universo.

Além de perceber a natureza distinta da luz e do som, o professor pode explorar a difusão de odores, onde outra grande diferença ficará evidente. O som se propaga de forma muito mais rápida do que os odores, por exemplo. Essas diferenças poderão ficar evidentes através de uma série de atividades propostas a seguir.

b.1. Atividades (explorações): vendo, ouvindo e sentindo cheiros

Este conjunto de atividades pode servir de repositório de sugestões para a exploração de cada um dos órgãos dos sentidos ou mesmo na natureza física de cada um dos estímulos. Dependendo da faixa etária da classe, certas atividades poderão ser exploradas com maior profundidade.

Para explorar o tema da luz e visão, uma série de atividades podem ser realizadas com os alunos, de maneira que eles possam perceber a importância da visão e da sua dependência em relação à natureza da luz. Diversas pesquisas realizadas apontam para o fato de que as crianças normalmente têm ideias muito bem definidas a respeito da luz e da visão. É comum que os olhos sejam vistos como "lanternas" que iluminam os objetos vistos, de forma semelhante à "visão de raios-X" do Super-Homem dos desenhos animados. Quando crianças de quarta-série representam suas ideias sobre a maneira pela qual conseguem enxergar um objeto, o modelo projetivo aparece com certa frequência.

As crianças costumam explorar a luz e a visão por meio de modelos projetivos. (Extraído de Shapiro, 1994.)

Ao iniciar uma atividade sobre "visão" o professor poderia solicitar desenhos das crianças, onde elas mostrassem como conseguem enxergar algo. Alunos de séries mais avançadas podem ser desafiados a explicarem como funciona um flash de máquina fotográfica. A seguir, o professor poderia sugerir algumas atividades que provocam discussões e sistematizá-las com os alunos logo após sua realização.

Rabo no burro: . "Os alunos, com os olhos vendados, têm que tentar colocar o rabo no lugar certo de um burro desenhado em um papel bem grande".

Esta atividade é bastante divertida e surpreende as crianças na educação infantil e de séries iniciais do ensino fundamental ao mostrar que a visão é uma fonte de orientação muito mais constante do que se possa pensar. É comum que os alunos tenham a certeza de que "fazendo mira" antes de ter os olhos vendados seja suficiente para atingir o objetivo pretendido. O professor deve conversar com a classe a razão de o rabo ter sido colocado em lugar diferente daquele pretendido.

Luz invisível: Pode ser evidenciada com o controle remoto da televisão, um espelho e uma lanterna. Colocando-se de costas para a televisão, de frente para um espelho, aponta-se a lanterna até que o facho de luz atinja o aparelho de TV. Repetindo o procedimento usando o controle remoto, tenta-se colocá-lo na mesma posição que a lanterna".

Os alunos perceberão que o controle remoto emite um tipo de sinal invisível que se propaga de forma parecida com a luz da lanterna, o que não deixará de constituir fonte de inquietação, especialmente dentro de um modelo "projetivo" de visão, como a do "Super-Homem". A televisão "enxerga" o controle remoto quando algo que parte dele a atinge. O professor pode problematizar a situação de maneira que os alunos se deem conta de que a televisão percebe algo que parte do controle remoto da mesma forma como nossos olhos percebem a luz que é refletida pelos objetos. O controle-remoto, de certa forma é uma "lâmpada", como aquelas que iluminam nossa casa à noite e que nos permitem ver os móveis da sala: emite luz que é refletida pelos objetos à nossa volta. Explorando os modelos dos alunos, proporcionando-lhes oportunidades de troca de ideias e levando em consideração os dados das pesquisas já realizadas, o professor poderá criar situações de real aprendizagem.

A "audição" e a natureza do som podem ser exploradas a partir de algumas atividades práticas:

Telefone com fio: ligando dois copinhos descartáveis de plástico com um fio amarrado a um pedaço de palito de fósforo pode-se ter um "telefone". Quando o fio estiver bem esticado, é possível falar em um dos copinhos e ser ouvido no outro. Os alunos perceberão a importância do fio, especialmente quando bem esticado, evidenciando a necessidade de meio material para a propagação do som.

O professor pode explorar com a classe o fato, que será muito evidente, de que o som é mais audível dentro do copinho do que fora dele. Mesmo que os dois copinhos não estejam muito distantes um do outro e a fala do colega seja audível, será percebido com facilidade que o som dentro do copinho é mais alto do que fora dele. O professor poderá então levar os alunos a refletirem sobre as propriedades do ar e do fio como condutor do som. Algumas questões devem ser levantadas, por exemplo:

"o que ocorre com o copinho quando falamos próximo a ele?"
"como o som pode ser transmitido pelo fio?"
"e se não houver nem fio nem ar entre os dois copinhos?"

Problematizando a situação os alunos poderão se dar conta do fato de que existem vibrações, no ar e no fio, e que alguns materiais têm capacidade de transmiti-las de forma melhor do que outros. Dependendo da idade e do grau de familiaridade com o assunto, os alunos poderão inferir a necessidade de um meio material para a condução do som e que no vácuo o som não pode ser transmitido.

Eco no tubo: Um tubo rígido de cem metros de comprimento, mantido enrolado (seriam aproximadamente trinta espiras de um metro de diâmetro) com dois funis pode ser utilizado para produzir eco. Em uma das extremidades um funil serve de "microfone" e na outra o funil é um "alto-falante". A criança fala e ouve sua voz com retardo. Esse resultado trará alguma surpresa aos alunos, uma vez que o retardo da voz evidencia o fato de que a propagação do som é relativamente lento. Realizar esta atividade após a discussão sobre o relâmpago e o trovão pode ser particularmente útil para comprovar algumas propriedades da propagação do som.

"Odores e paladar" podem ser explorados a partir de uma sequência de atividades, como exposto a seguir.

Adivinhando o cheiro: o professor pode trazer ou pedir para que os alunos tragam para a classe uma coleção de coisas cheirosas que devem ser colocadas dentro de sacos plásticos transparentes: abacaxi, vinagre, mexerica, flores, vidro de perfume. Após, mostrar os objetos para a classe sem retirá-los de seu envoltório, um grupo de alunos venda os olhos e deve adivinhar quais são os objetos que o professor retira do saco plástico. O professor se aproxima do grupo de forma lenta; quatro passos, depois a três etc. Quem descobrir primeiro qual o objeto levanta o braço. Experimentar comidas sem poder vê-las e cheirá-las é uma outra atividade semelhante que evidencia a relação que existe entre os sentidos.

Atividades mais genéricas sobre o corpo humano podem ser realizadas, procurando sistematizar diferentes conhecimentos sobre os órgãos dos sentidos. A fim de utilizar o conhecimento adquirido durante as atividades em benefício da prevenção de agravos à saúde e acidentes, o professor pode propor uma atividade que tenha por objetivo o desenvolvimento de posturas preventivas, onde os alunos possam entender a razão das restrições. A partir de uma lista de atitudes que devem ser evitadas pelas crianças, o professor pode coordenar uma discussão que leve em consideração as diferentes conclusões a que o grupo chegou. O que os alunos pensam de ouvir sons muito altos, olhar para o sol, olhar para luz de solda, ficar muito tempo no sol, abrir vidros de remédios, experimentar coisas que você não sabe o que são, comer frutinhas do mato que não se conhece?

C) COMENTÁRIOS GERAIS

O professor deve registrar a opinião de seus alunos sobre os fenômenos a serem investigados, particularmente sobre sua forma de explicar a luz e a visão. Seria interessante realizar observações e registrar perguntas e reações diante da leitura dos textos e da realização das atividades propostas. Estes dados ajudam, por um lado, na avaliação do trabalho do professor e orienta suas futuras intervenções, a preparação de novas atividades e a seleção de materiais. Por outro lado, são fundamentais para a avaliação da aprendizagem dos alunos.

A leitura dos textos poderá proporcionar momentos interessantes de interação das crianças. Da mesma forma, as atividades propostas poderão ser realizadas em pequenos grupos, para que os alunos possam discutir seus resultados, comparar suas expectativas em relação ao que foi efetivamente observado, procurando explicações convincentes para todos.

O conjunto de atividades propostas nesta seção deverá suscitar diversas perguntas nos alunos. É importante que o professor não se antecipe aos alunos procurando fornecer respostas prontas. Os alunos devem ser incentivados a procurá-las e a conviver temporariamente com a incerteza. O professor deverá proporcionar oportunidades de troca de ideias a respeito de formas apropriadas de encontrar respostas, testar e comprovar as novas explicações.

O professor não deve deixar de criar situações para que os alunos construam princípios aplicáveis em contextos diversos. Perceber que a ideia de reflexão da luz pode ser aplicada ao controle remoto da televisão, por exemplo, pode ser um passo importante no sentido de proporcionar compreensão adequada dos fenômenos ondulatórios, por exemplo. A luz do Sol leva cerca de oito minutos para atingir nosso planeta. Isso significa que a luz que nossos olhos veem em dado instante foi emitida oito minutos antes pelo Sol. À noite, a luz da estrela mais próxima que podemos ver, Alfa do Centauro, foi emitida quatro anos atrás! Os alunos ficam muito surpresos ao saber que diversas estrelas sequer existem mais, mas continuamos a ver a luz que emitiram centenas ou milhares de anos atrás.

Nessa perspectiva os alunos poderão aproveitar progressivamente os conceitos que foram estabelecendo ao longo das atividades propostas, progredindo conceitualmente. Será possível criar oportunidades para que alunos de outras séries possam compartilhar dos dados obtidos nessas atividades, organizados em forma de murais, seminários etc.

2. O PLANETA GLOBAL

Esta sequência didática tem por objetivo levar os alunos a explorar o nosso planeta, proporcionando situações nas quais possam perceber o ambiente a partir de elementos de astronomia básica e testarem seus modelos de Terra e Universo.

Certos fatos são repetidos com tanta frequência e compartilhados por tanta gente que se tornam inquestionáveis. Simplesmente acreditamos que eles sejam assim e parece ridículo que alguém duvide deles. Acreditamos tão piamente em certos fatos que nos dispensamos até mesmo de encontrar evidências que os sustentem. Este é o caso de afirmações do tipo "a Terra é redonda" e "A Terra gira em torno do Sol". Se o professor perguntar a seus alunos como isso pode ser comprovado, provavelmente a resposta virá na forma de reações adversas, como "Eu vi fotografias" ou "Eu vi na TV". Mas existem fotografias de discos voadores, pessoas levitando, duendes etc. Portanto, fotos nem sempre são um reflexo absolutamente fiel da realidade.

O ensino fundamental deve proporcionar momentos de reflexão sobre o conhecimento no qual acreditamos para que ele possa ser compreendido. O ensino de ciências, em especial, deve chamar a atenção dos alunos para a necessidade de comprovação das verdades nas quais acreditamos, por mais óbvias que possam parecer.

A) O ASSUNTO: PLANETA ESFÉRICO

Existem muitas comprovações da esfericidade da Terra e do movimento do nosso planeta em torno do Sol em nossa vida diária, e boa parte delas pode ser obtida ao assistir a TV. Por exemplo, ao assistir a uma corrida de carros de Fórmula 1 ou uma final de campeonato mundial de clubes de futebol que acontece no Japão, estamos diante de uma prova irrefutável da esfericidade do planeta. Depois de resolver todos os problemas técnicos para que o Brasil pudesse receber imagens do que está acontecendo naquele mesmo instante no Japão, as emissoras de televisão têm que enfrentar um último e terrível obstáculo: o sono dos telespectadores brasileiros durante a madrugada. Se o evento ocorre ao meio-dia no Japão, aqui no Brasil é meia-noite.[48]

A TV via satélite tornou corriqueiros esses eventos, e as crianças de hoje podem realmente ver que no mesmo instante em que há sol no Japão é noite no Brasil. Durante séculos esse fenômeno foi imaginado por muitas pessoas, que no entanto não conseguiam ter certeza de que o Sol é visto em diferentes horários nos diferentes pontos do nosso planeta. Um astrônomo egípcio, há cerca de mil e setecentos anos atrás, escreveu o seguinte:

---

[48] Em 1990 a BBC transmitiu O Grande Prêmio da Austrália de Fórmula 1 ao meio-dia da Inglaterra, horário comum das corridas na Europa. O jornal londrino Times chegou a anunciar a transmissão como sendo "ao vivo" e, no dia seguinte, meus colegas da Universidade de Liverpool me confessaram que não tinham percebido o truque da emissora para não perder audiência. Eu perguntei a diversos PhD se a corrida do dia anterior tinha sido "ao vivo" e todos me responderam afirmativamente. Eu retrucava: "Pois é, e eu que sempre achei que a Terra fosse redonda..." Apenas dentro de um modelo de Terra plana é possível conceber que seja dia ao mesmo tempo na Inglaterra e na Austrália.

> "O Sol e a Lua e as outras estrelas não nascem e se põem ao mesmo tempo para todo observador na Terra, mas sempre mais cedo para aqueles que vivem mais perto do Oriente e mais tarde para aqueles que vivem mais perto do Ocidente... O mesmo ocorre com os eclipses... (que ocorrem) em horas mais tardias ... para observadores que vivem mais perto do ocidente (...). E desde que as diferenças nas horas se descobre ser proporcional às distâncias entre os lugares, se poderia razoavelmente supor que a superfície da Terra é esférica".

Assim escreveu o astrônomo Claudius Ptolomeu, que viveu na cidade de Alexandria, onde os macedônios[49] tinham construído uma belíssima cidade vários séculos antes, com um centro de estudos avançadíssimo. Ptolomeu estava baseado nos escritos da Biblioteca de Alexandria, que tinha registros de muitos séculos de observações astronômicas realizadas em diferentes partes do planeta. Essas observações mostravam certas regularidades. Uma delas é o fato de o Sol nascer cada dia em um lugar ligeiramente diferente do dia anterior.

No hemisfério sul, nos meses de junho a dezembro, vemos o Sol nascer cada dia um pouco mais para o sul, até que, no dia 21 de dezembro[50], inverte essa tendência. Esse dia é o mais longo do ano, com mais de doze horas de Sol, e marca o início do verão. Considere este como o primeiro dia de um ciclo. A partir daí e durante todo o verão e o outono a tendência do Sol é contrária, e ele nasce cada dia um pouco mais afastado do sul. Seis meses depois, no dia 21 de junho, quando temos a noite mais longa do ano, o Sol volta a inverter essa tendência. Esse dia marca o início do inverno. O Sol reinicia sua marcha rumo ao sul, nascendo cada dia um pouco mais afastado do norte. Passados o inverno e a primavera, ao chegarmos novamente ao dia mais longo, teremos completado um ciclo, ou seja, um ano. Entre esses dois marcos, o dia mais longo e o dia mais curto, temos duas datas em que o dia e a noite têm aproximadamente a mesma duração: doze horas. São os **equinócios** de primavera e de outono, que sinalizam os dias nos

---

[49] A Macedônia, situada ao Norte da Grécia, dominou as cidades gregas principalmente durante o curto, porém avassalador reinado de Alexandre, filho de Felipe e Olímpia. Depois de conquistar a Pérsia (em 333 a.C.) dirigiu-se ao Egito, onde não encontrou resistência. Lá fundou a cidade de Alexandria.

[50] Como não existe coincidência entre os ciclos astronômicos de rotação e translação, o dia de início das estações do ano nem sempre é o mesmo de um ano para o outro. As datas que aparecem no texto devem ser entendidas como referências aproximadas, que dependerão do ano considerado.

quais o Sol nasce exatamente no leste e se põe exatamente no oeste, dias que marcam o início da primavera e do outono[51]. Observatórios como o de Stonehenge, na Inglaterra, dos incas, nos Andes, e dos maias, na América Central, comprovam que até mesmo as civilizações mais antigas conheciam as regularidades astronômicas do ano.

Como vemos, as estações do ano estão marcadas por eventos astronômicos observados todos os dias por qualquer um de nós. Ptolomeu acreditava que o ano representava o período em que o Sol descrevia 365 voltas em torno da Terra. Na verdade, sabemos que ocorre o inverso: o planeta Terra descreve uma volta em torno do Sol em 365 dias (e seis horas).

Ptolomeu notou que nos equinócios a sombra do meio-dia (a sombra mais curta) dos relógios de sol apontava sempre para o norte. Por esta razão, ele imaginou que Alexandria ficasse no hemisfério norte. Imaginou ainda que em cidades localizadas no hemisfério sul o mesmo relógio de sol teria a sombra mais curta do dia apontada para o sul. Há mil e setecentos anos atrás, quando pensar que a Terra é redonda soava como loucura, Ptolomeu observou regularidades no comportamento dos astros que podiam ser explicadas tomando como modelo uma Terra esférica.

Também nós podemos perceber essas regularidades em nossa vida cotidiana. A luz do Sol penetra nos cômodos da casa de forma diferente ao longo do dia e também ao longo do ano. Na cidade de São Paulo, ao meio-dia de 21 de dezembro, no momento em que o Sol está em seu ponto mais alto do céu, a luz direta do Sol não entra pelas janelas. Um poste de luz, neste exato momento, não tem sombra alguma. É o chamado "sol a pino". Ao sul de São Paulo, não há cidade que passe por esta situação em qualquer dia do ano. É por esta razão que sabemos que o Trópico de Capricórnio passa exatamente pela cidade de São Paulo. Os trópicos sinalizam os limites do planeta onde há "sol a pino" pelo menos um dia no ano. Há quatro mil anos, os babilônicos perceberam que no início do verão, no hemisfério Sul, a constelação que aparecia ao amanhecer, no lado leste, era a do Capricórnio e no hemisfério Norte era a de Câncer[52]. E foi com o nome dessas constelações que os trópicos foram batizados.

Mas a altura do Sol no céu se modifica ao longo do ano e é completamente diferente no início do inverno, em 21 de junho. Neste

---

[51] As datas mais comuns são 21 de março e 23 de setembro

[52] O aparecimento de uma constelação junto com o sol é chamado pelos astrônomos de "nascer helíaco". Tem-se a impressão de que a constelação está atrás do sol. Durante o dia, o sol a ofusca e não pode ser vista.

dia, numa casa em São Paulo, ao meio-dia, as janelas que estão voltadas para o norte deixam entrar raios solares. Os quartos quentes pela manhã estão voltados para o leste. À tarde se aquecem aqueles voltados para o oeste. Os varais onde melhor se pode secar roupa estão estendidos na direção leste-oeste, na parte norte da casa. Os quartos quentes no inverno têm janelas voltadas para o norte. A parte mais fria, úmida e escura da casa está voltada para o sul. Mas as janelas da parte sul têm uma vantagem: são as únicas de onde se pode enxergar à noite uma constelação que nem mesmo Ptolomeu poderia ver do Egito: o **Cruzeiro do Sul**.

B) IDEIAS E ATIVIDADES

Construção de um relógio de sol.

Um "projeto de ciências" pode ser estruturado a partir das ideias apresentadas nesse texto introdutório. Um simples cabo de vassoura, colocado na vertical em uma superfície plana pode fornecer muitas informações sobre a forma do nosso planeta, as estações do ano e o movimento aparente do sol. O professor pode realizar a atividade com seus alunos, anotando o menor comprimento da sombra durante o dia (o meio-dia real), e pesquisar em jornais o horário do nascer e do pôr do sol. Esses dados podem ser coletados uma vez por semana e anotados em uma grande tabela ao longo dos meses de outono, por exemplo. Pode-se coletar informações sobre outros pontos do planeta, tanto da duração do dia e da noite, como da pesquisa da temperatura em diversas cidades do Planeta (dado normalmente disponível em jornais). A troca de informações com outras escolas pela internet pode ser de grande ajuda, especialmente se estiverem em outro hemisfério.

É evidente que existe uma nova possibilidade para o estudo de conceitos complexos em que diferentes tópicos referentes ao estudo das estações do ano e que podem ser desenvolvidos de maneira muito diferente daquela tradicional. A esfericidade da Terra é evidenciada pelo fato da direção e comprimento da sombra ser diferente em um mesmo momento em diferentes pontos do planeta. A inclinação do eixo terrestre pode ser visualizada experimentalmente através da comparação de diferentes medidas do bastão ao meio-dia, quando se observam fenômenos com progressão diferente ao longo do ano nos dois hemisférios. Pode-se medir a sombra ao meio-dia em 21 de março ou 23 de setembro e, reproduzindo as medidas em uma folha de papel, medir o ângulo da sombra. Ao comparar a medida com a latitude do

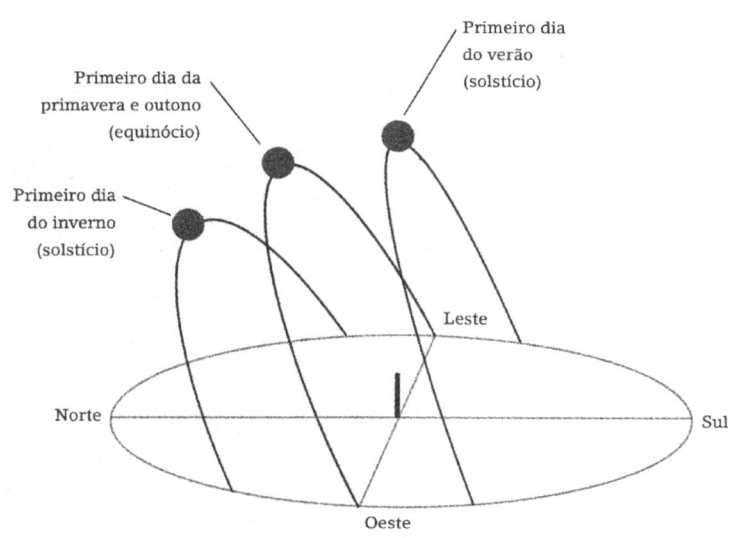

Posição do Sol ao meio-dia

local, os alunos deverão se surpreender com a coincidência. A progressão da modificação do comprimento das sombras ao meio-dia também será interessante. Enquanto as sombras crescem em um hemisfério ocorre o oposto no outro. Caso os alunos acompanhem o horário do nascer e do pôr do sol, terão também uma ideia das modificações entre o início da primavera e do outono, quando dias e noites têm aproximadamente a mesma duração em todos os pontos do planeta, até o início do verão (quando os dias são mais longos) e o início do inverno, sinalizado pelo dia mais curto do ano.

Conceitos abstratos e bastante complexos, tradicionalmente apresentados aos alunos através de desenhos e diagramas (nem sempre corretos inclusive), poderão ser tratados de maneira experimental com o auxílio de computadores e da internet, que serão complementos importantes no trabalho experimental dos alunos.

C) COMENTÁRIOS GERAIS

Os alunos certamente têm diferentes modelos para explicar o movimento do sol durante o dia e essas concepções podem ser exploradas pelo professor. É comum que os alunos tomem a Terra como plana, mesmo que não admitam isso explicitamente.

Os dados empíricos recolhidos durante as atividades práticas propostas nesta seção deverão suscitar diferentes explicações. Os alunos deverão ser incentivados a perceber que o movimento aparente do Sol em relação à Terra pode ser explicado da forma inversa, ou seja, a Terra pode estar se movendo em torno dele. O fato de haver variação da altura do Sol ao meio-dia ao longo do ano será uma evidência adicional para que os alunos percebam que o eixo de rotação da Terra está inclinado em relação ao plano de sua órbita.

Pode parecer incrível, mas poucas pessoas conseguem apresentar ou mesmo reconhecer evidências que possam comprovar a esfericidade de nosso planeta. Como vimos, até mesmo Ptolomeu colecionava indícios preciosos com os parcos meios disponíveis à época. Portanto, não deixa de ser curioso que hoje em dia, com transmissões via satélite, Internet, etc. as pessoas não consigam perceber muitos outros indícios da esfericidade do planeta. Com as atividades propostas nessa unidade espera-se que essas evidências possam ser percebidas de forma rotineira, junto com regularidades astronômicas do céu noturno e diurno.

A troca de resultados obtidos em diferentes latitudes do planeta será, sem dúvida, incentivo importante para a difusão do conhecimento científico. Outro fato muito importante é o estímulo à participação de crianças desde os primeiros anos de sua escolaridade em projetos de investigação onde existe cooperação e troca de informações.

Existem diversos estudos a respeito do tema da esfericidade da Terra e determinação das estações do ano. Diversos sítios na internet possuem informações sobre diferentes formas de realizar observações práticas e sistemáticas a esse respeito.

A ideia de um planeta esférico traz sempre uma dúvida: o que ocorre com as pessoas que estão "do lado de baixo"? Esta é uma pergunta que ocorre a todos que pensam o planeta a partir da superfície do nosso próprio astro. É difícil que as crianças possam entender as dimensões do planeta para que possam conciliar sua percepção de Terra "plana" com a informação da esfericidade do planeta. Não se pode esperar que essa compreensão possa ser alcançada de um dia para o outro, mas não existe informação nova a acrescentar. A ideia de uma esfera muito grande e a força da gravidade são as informações necessárias para a compreensão da nossa realidade globular. É normal que as pessoas se confundam com dois aspectos diferentes. O primeiro deles é o de que a esfera é realmente muito grande, muito maior do que se possa pensar à primeira vista. Seria necessário pensar em algo como uma bola de futebol tão grande que cada um de seus gomos parece plano como um campo de futebol. O segundo aspecto é ainda mais difícil de entender. Na verdade, não existe "lado de cima" ou "lado de baixo". Esses termos são relativos, isto é, estão ligados a um certo conjunto de referências que podem ser modificadas. Existe uma pergunta crucial para verificar se as referências relativas são adequadamente entendidas: "O Sol fica a leste ou a oeste do planeta Terra"?

Esta pergunta não tem, rigorosamente, nenhum sentido. Imagine uma pessoa que esteja no Brasil, olhando para o sol nascente. Ela está olhando para o lado leste. Mas, ao mesmo tempo, uma pessoa está no Japão olhando para o sol poente. Ela está olhando para o lado oeste. As duas pessoas olham para o mesmo Sol mas, caso estivessem tentando responder nossa pergunta, nunca chegariam a um acordo. Da mesma forma, as pessoas que estão no hemisfério Norte, estão tão "grudadas" à superfície do nosso planeta quanto as do hemisfério Sul. Ninguém está "de cabeça para baixo", mas apenas sendo atraído para o centro do planeta.

Essa questão nos mostra a importância de inserir conteúdos de astronomia no ensino fundamental, desde os primeiros anos. A humanidade levou milênios para entender problemas como o da força da gravidade e a esfericidade do planeta. Portanto, as crianças levarão alguns anos, com certeza.

3. A ENERGIA PARA PLANTAS E ANIMAIS

Esta sequência didática tem por objetivo propiciar ao professor subsídios conceituais para explorar com seus alunos alguns conceitos centrais no contexto científico da atualidade, notadamente o fluxo de energia nos ecossistemas, a importância da fotossíntese para todos os seres vivos, mesmo para aqueles que apenas consomem seus produtos, e a respiração celular, importante para praticamente todos os seres vivos, inclusive para os vegetais. É possível proporcionar aos alunos oportunidades de refletir sobre a relação entre animais e vegetais em nosso planeta.

As plantas costumam ser vistas a partir de uma ótica utilitária, como se sua função fosse a de "embelezar ambientes" ou mesmo produzir alimentos. Após um texto onde os conceitos centrais da área são discutidos, apresenta-se uma proposta simples, porém muito significativa, para explorar o tema, em seus aspectos físicos, químicos e biológicos.

A) ASSUNTO: O SOL E A FOTOSSÍNTESE

Subir uma escada, fazer um automóvel andar, e até mesmo

pensar são atividades que requerem **energia**. Quando nos alimentamos estamos nos abastecendo de energia que está armazenada nos alimentos e que será transformada dentro de nosso corpo. Não existe outra maneira pela qual os seres humanos possam obter energia para movimentar seus músculos.

Isto é igualmente válido para todos os animais. Eles buscam alimento, devorando partes de plantas, procurando pedaços de alimento no meio onde vivem, ou capturando outros seres vivos do ambiente. Ao se alimentarem, os animais estão se abastecendo de energia armazenada nos alimentos e que será transformada dentro de seus organismos. Todos os animais obtêm energia através da alimentação.

As plantas também precisam de energia. No entanto, elas não buscam energia nos materiais que elas retiram do solo, através das raízes, ou que retiram do ar, através das folhas. Os vegetais, ao contrário dos animais, são capazes de utilizar a energia do sol para produzir alimentos, que serão utilizados para as mais diferentes atividades, como crescer, produzir flores, frutos e sementes etc. Nas folhas, nas raízes, nos caules, nas flores, nos frutos, nas sementes, existem **alimentos**, em maior ou menor quantidade, que foram fabricados a partir da luz do sol e que receberam parte da energia captada durante o dia pela planta.

Os animais que comem partes de vegetais, por exemplo, um boi ou uma anta, mastigam as folhas que comem para poder extrair delas os alimentos que contém aquela parcela de energia do sol que foi transformada. Esses animais, ao comerem os alimentos produzidos pelas plantas, podem crescer, se movimentar, procriar etc. Parte da energia obtida pelos animais que se alimentam de partes de plantas, os chamados **herbívoros**, é utilizada nos movimentos que seus músculos realizam, ou mesmo para aquecer seus corpos (caso das aves e dos mamíferos) etc. Mas os herbívoros obtêm dos alimentos mais energia do que gastam efetivamente e, assim, eles armazenam essa diferença. Se você comparar a quantidade de alimento necessária para engordar um boi em uma fazenda plana, onde os bois se movimentam pouco, e em outra montanhosa, onde os bois têm que subir e descer encostas para pastar, verá que a engorda é muito mais rápida na fazenda plana. Isso ocorre porque o consumo de energia diária é menor e o animal consegue produzir mais carne, por exemplo.

As onças não se alimentam de folhas. Elas caçam animais como a anta, por exemplo, e dependem dos alimentos produzidos por ela para obter energia. Assim, é fácil concluir que a energia obtida pelos animais que matam outros seres vivos para se alimentar, os **predadores**, provêm indiretamente do sol.

Não são apenas as plantas e os animais, herbívoros e predadores, que utilizam a luz do sol como fonte direta ou indireta de energia. As ondas do mar, a evaporação da água, o vento, são processos que dependem da energia que provém do sol.

Dentre as atividades humanas no planeta, a indústria principalmente, requer uma grande quantidade de energia. Quando você acende uma lâmpada comum, ou liga um chuveiro, você está utilizando energia elétrica. Em nosso país a maior parte da energia elétrica provém de usinas hidrelétricas, isto é, é produzida por turbinas movidas pela força das águas de represas. É com a energia do sol que evaporam as águas que vão formar as nuvens de chuva. São essas nuvens que alimentam as nascentes dos rios que formam as represas das usinas hidrelétricas.

Os automóveis movidos a álcool, é fácil perceber, também dependem da energia do sol. É com ela que a cana de açúcar pode crescer e fabricar os alimentos dos quais é produzido o álcool. Não é tão fácil perceber, mas o mesmo ocorre com outros combustíveis. A gasolina, o querosene, o óleo diesel, são fabricados a partir do petróleo. A energia que eles armazenam também depende do sol. Pode parecer muito estranho, mas acredita-se que o petróleo tenha se formado há milhões de anos atrás, a partir de seres vivos em decomposição. Portanto, naquela época os seres vivos capturaram a energia do sol e a armazenaram em alimentos que se transformaram em petróleo.

As atividades econômicas requerem grande quantidade de energia. Estima-se que a energia utilizada por essas atividades em menos de quatro meses seria suficiente para levar a água do Rio Amazonas ao ponto de fervura!

A produção de toda essa energia requer modificações no ambiente, muitas delas são modificações profundas em um certo local, por exemplo, um grande alagamento para a construção de uma barragem de usina hidrelétrica. Por outro lado, a queima de combustíveis produz substâncias que são espalhadas por todo o planeta, o que traz consequências graves também. Acredita-se que um dia a energia do sol irá acabar. O que isso acarretaria para a vida em nosso planeta?

Há pouco menos do que 70 milhões de anos a maioria das espécies de plantas e animais, herbívoros e predadores, que viviam em nosso planeta desapareceu para sempre. Foi nessa época que os gigantescos dinossauros foram extintos. Que tipo de acidente poderia ter causado tantos danos aos seres vivos? Existem muitas explicações para essa grande catástrofe. Uma delas diz que o bloqueio da luz solar na atmosfera teria sido o fator responsável. Algum grande evento - como o choque de um grande meteoro na superfície da Terra - teria sido capaz de levantar grandes nuvens de poeira por muitos anos. Sem a maior parte da luz solar, um terrível inverno se abateu sobre o planeta.

Sem a energia do sol, a maioria das plantas morreu, assim como boa parte dos animais que delas dependiam diretamente. Grandes herbívoros, caso de muitos dinossauros, passaram a enfrentar os problemas de alimentação e da falta de energia. Fracos e mal alimentados, eles devem ter se tornado presas fáceis de abater. Os grandes predadores e animais carniceiros, muitos outros dinossauros entre eles, devem ter tido, logo de início, muito alimento à disposição. Mas depois de algum tempo o alimento fácil foi se tornando escasso e eles acabaram morrendo também. A luz do sol mostrava, assim, sua grande importância para os seres vivos.

Todos os animais, herbívoros e predadores, dependem do alimento produzido pelas plantas. Eles consomem esses alimentos porque ele é a única maneira de obter energia. Por esta razão, herbívoros e predadores são chamados de consumidores. As plantas, por outro lado, produzem esses alimentos, transferindo para eles a energia que captam diretamente do sol. Embora elas mesmas utilizem parte desse alimento para seu sustento, geralmente é produzido mais do que é necessário para seu sustento. É por isso que os vegetais são chamadas de produtores.

Os produtores fabricam o alimento a partir de substâncias que encontram no meio ambiente. Água e gás carbônico são rotineiramente encontradas no solo e no ar. Os produtores conseguem transformar essas duas substâncias em uma outra, inteiramente diferente, um açúcar como aquele que você utiliza para adoçar café. Essa transformação é realizada através de um longo e complicado processo denominado fotossíntese, que ocorre apenas na presença de luz. Esse processo, no qual são consumidas duas substâncias diferentes, a água e o gás carbônico, tem como produto um açúcar e uma outra substância gasosa, o oxigênio.

Toda vez que dizemos que os produtores fabricam alimento falamos, na verdade, de açúcar. Ele armazena parte da energia do sol captada pela planta. Uma vez que a planta produz esse alimento, ela mesma o utiliza, mas quase sempre ele está em excesso. É dessa maneira que o açúcar é utilizado em inúmeros processos, gerando todas as substâncias vegetais que você conhece. Para transportar certos açúcares através da planta existem alguns inconvenientes que são contornados caso a planta transforme um açúcar, a glicose, em outro, a sacarose, o açúcar que utilizamos nos doces.

Para conseguir obter a energia que está disponível nos açúcares, a digestão processa os açúcares até gerar glicose ou outro composto muito parecido. Para utilizar a energia da glicose, de maneira eficiente, os produtores e os consumidores precisam também de oxigênio. Esse gás está presente em quantidade no ar atmosférico. Portanto, os produtores fabricam alimento e oxigênio, mas também utilizam essas substâncias. Em dias de muita luz há sobra de alimento e oxigênio, e este é liberado para o ar. Mas em dias escuros e durante a noite, quando não há luz, não existe excedente de alimento e oxigênio.

Produtores e consumidores precisam de energia dos alimentos durante o dia e a noite. É por esta razão que eles consomem alimento e oxigênio. Ao consumir a glicose e o oxigênio, os produtores e os consumidores conseguem a energia de que precisam e acabam fabricando duas outras substâncias, como se fossem resíduos. São produzidos água e gás carbônico. Esse processo realizado pelos produtores e consumidores chama-se **respiração celular**. Para que ela ocorra, são necessárias muitas reações químicas a partir da glicose e oxigênio, havendo a produção de água e gás carbônico.

Imagine que um **consumidor** seja colocado dentro de um vidro todo fechado. O que deve ocorrer com ele? Provavelmente ele morrerá, porque consumirá oxigênio e produzirá gás carbônico. Quando acabar o oxigênio, mesmo que ele tenha alimento à sua disposição, não será possível retirar dele a energia armazenada. Imagine agora que uma certa quantidade de produtores seja colocada em um frasco fechado onde ficou isolado um consumidor. O que deve ocorrer com os produtores? Morrerão sufocados, como ocorreria a um consumidor? O resultado surpreende muita gente. Se houver luz suficiente, e uma fonte de gás carbônico, como os microrganismos do solo, não deve acontecer nada. O produtor também consome oxigênio e alimento. Mas, ao mesmo tempo, ele produz mais alimento e oxigênio. Assim, ele se manterá vivo, produzindo a glicose e o oxigênio de que necessita na **respiração celular**, além de produzir mais gás carbônico, que será utilizado na **fotossíntese**.

Assim, fica claro porque os consumidores dependem dos produtores. Nosso planeta, afinal, é um grande frasco lacrado, onde vivem produtores e também consumidores. Como vimos no caso dos dinossauros, podem ocorrer perturbações nesse relacionamento harmônico, que resultam em catástrofes. Algumas delas podem ser naturais, como a queda de um enorme meteoro, ou muitas erupções de vulcão. Mas muitas delas podem ser provocadas pelo próprio ser humano, principalmente porque alteram profundamente o ambiente, colocando em risco a sobrevivência dos outros seres vivos.

Neste fim de século e de milênio, a maioria das pessoas está se convencendo que o ser humano também é um consumidor e, como tal, depende dos outros seres vivos e não pode continuar a queimar, inundar e poluir o ambiente sem ter que pagar pelas consequências de suas ações.

B) IDEIAS E ATIVIDADES

Existem diversas maneiras pelas quais os conceitos centrais presentes nessas atividades podem ser explorados. A vida nas cavernas escuras pode ser um tema a ser estudado, por exemplo. Por que razão as cavernas, onde não existe nenhuma luz, não apresentam plantas e animais? Dependendo do grau de informação dos alunos, é possível que eles tenham alguma ideia sobre a extinção dos dinossauros e de como isso pode ser explicado através da limitação da luz solar. Os alunos poderiam ser estimulados a realizar pesquisas sobre a biodiversidade local, eventuais reservas de mata, cerrado, etc. na região da escola etc.

Para iniciar um programa de atividades que investiguem o tema da nutrição em animais e vegetais, é recomendável realizar um levantamento preliminar dos modelos presentes nos alunos em relação a três aspectos fundamentais[53]:

a) de onde provêm a energia utilizada por animais e vegetais?

b) de onde provêm os materiais necessários para a síntese de substâncias orgânicas diversificadas em animais e vegetais?

c) qual o local onde a energia presente nos alimentos é liberada com o auxílio do oxigênio, em animais e vegetais?

A partir das concepções presentes nos estudantes em relação a esses aspectos elementares será possível traçar um programa de estu-

---

[53] Kawasaki, C. S. Nutrição Vegetal: Campo de Estudo para o Ensino de Ciências. Tese de Doutorado apresentada à Faculdade de Educação da USP, (1998).

dos onde os estudantes sejam capazes de colocar à prova seus modelos e ideias. É evidente que não se espera a superação de todos os modelos e ideias errôneas em espaço curto de tempo. É possível conceber um processo de aprendizagem que possa estruturar modelos corretos sobre nutrição vegetal, mesmo que ainda persistam antigas crenças e suposições. A correção conceitual que se espera alcançar nos estudantes deve partir de conhecimentos bem estabelecidos, ao lado de uma abordagem integrada do organismo e do ecossistema, envolvendo as transformações de matéria e energia que ocorrem nos processos biológicos.

As relações funcionais entre as estruturas envolvidas na nutrição vegetal devem ser abordadas. É importante que sejam relacionadas estruturas essenciais, ao lado daquelas que poderiam ser consideradas intermediárias: raízes, caules, etc. É importante também inter-relacionar aspectos macro e microscópicos em um mesmo organismo, desde o nível celular até as trocas gasosas com o meio-ambiente, sempre que isso se mostrar adequado, no contexto do grupo de alunos considerado.

Experimentos tradicionais podem ser realizados, contanto que o controle de variáveis seja adequado. É importante que os alunos percebam que a luz não é fator indispensável para a germinação de sementes, uma vez que elas têm reserva alimentar que pode ser utilizada para alimentar o embrião durante os primeiros dias de crescimento. O crescimento de plantas em ambientes fechados, como garrafas plásticas transparentes, poderá ser realizado de maneira a evidenciar capacidades singulares das plantas em relação a suas necessidades de gases. A inclusão de solo na garrafa poderá acrescentar fonte nada desprezível de gás carbônico, fator limitante da fotossíntese em condições atmosféricas normais.

b.1. Atividade: A vida numa garrafa

Uma simples garrafa de refrigerante de dois litros pode se transformar em um pequeno planeta Terra. Os alunos podem recolher um pouco de terra úmida de um lugar escuro, com alguns musgos e samambaias por perto, e colocá-la dentro da garrafa. Adiciona-se um pouco de água (uma xícara de café para cada copo de terra, e fecha-se a garrafa, que deve ficar exposta ao sol. Depois de alguns dias, começarão a aparecer pequenas plantas. Os alunos poderão realizar observações rotineiras, procurando estabelecer paralelos entre os pequenos animais que existem na terra e as plantas que estão crescendo dentro da garrafa.

A vida dentro de uma garrafa.

    O que deve ocorrer a um pequeno animal caso ele seja colocado dentro de um frasco tampado? Ao fazer essa pergunta aos alunos certamente o professor encontrará uma série de respostas diferentes. É bem provável que os alunos afirmem que o animal morrerá sufocado, devido a falta de ar. A partir da troca de ideias entre os alunos é possível proporcionar oportunidades de expressarem melhor o que entendem por "falta de ar". O papel das plantas poderia ser explorado também, fazendo um levantamento do que os alunos esperam que possa ocorrer caso uma planta verde seja colocada dentro do frasco, junto ao animal.

    O papel exercido pela luz na alimentação da planta é outra área do conhecimento que o professor poderia explorar com seus alunos. É comum que as crianças da terceira série entendam que a planta se alimente pela raiz, obtendo energia dos compostos que retira do solo. Uma vez que tenha se estabelecido uma pequena comunidade na garrafa, é possível que os alunos possam testar suas ideias a esse respeito. O professor poderia perguntar a ele o que deveria acontecer caso a garrafa com as plantinhas, que deve ter sido deixada ao sol, seja colocada na penumbra, em um lugar com pouca luz. É possível que os alunos não confiram ao fato grande importância, o que mostra a relevância de se fazer o experimento. Algumas garrafas podem ser colocadas longe da luz da janela, onde tenham apenas penumbra. A observação ao longo de uma semana deve ser suficiente para mostrar a diferença nas duas situações. As garrafas ao sol devem continuar com as plantinhas verdes e viçosas, enquanto que as garrafas longe da luz devem ter plantinhas amareladas e murchas.

Diante de resultados como esses caberia ao professor explorar as ideias dos alunos, no sentido de incentivar o teste dessas ideias, de forma a evidenciar como a luz tem, de fato, importância crucial para a nutrição dos vegetais. Sem a luz as plantas não conseguem crescer; sem as plantas, os pequenos animais, que certamente existem dentro da garrafa (minúsculos ácaros, pulgões, pequenas minhocas etc.) não podem se alimentar.

Existem diferentes possibilidades de desenvolvimento do tema, mas seria recomendável que fossem evitadas situações nas quais a preservação de matas e florestas seja vista apenas pelo prisma da produção de oxigênio. A preservação das matas, principalmente das áreas tropicais, deve ser entendida de um ponto de vista mais global, uma vez que elas abrigam grande quantidade de seres vivos e são essenciais para a manutenção da biodiversidade. As matas e florestas têm papel muito importante na manutenção do clima, no regime de chuvas, na proteção do solo, etc. Além disso, a produção de oxigênio é muito intensa nas áreas costeiras, devido à ação das algas marinhas.

b.2. Atividade: Plantas Carnívoras se Alimentam de Luz?

Plantas carnívoras, como dionéias e droseras, poderiam ser utilizadas em outra montagem, destinada a mostrar a importância da luz como fonte de energia para as plantas. Dois lotes de plantas carnívoras podem ser montados, deixando-os no escuro. Um deles receberia insetos regularmente, enquanto que o outro ficaria privado de insetos e luz. Após duas semanas já se poderia observar que os dois lotes de plantas estão se tornando amareladas, o que poderia trazer uma rica discussão a respeito da "alimentação" das plantas, evidenciando a diferença existente entre a alimentação de animais e vegetais.

Uma forma de realizar esta montagem é a técnica de microestufas, desenvolvida pelo Grupo de Ensino de Ciências via Telemática, da Escola do Futuro da USP[54]. Garrafas descartáveis de refrigerante são

---

[54] Toda a técnica está disponível na internet no seguinte endereço: http://www.futuro.usp.br

Duas plantas carnívoras, uma sem luz. Qual delas está privada de alimento?

cortadas e emborcadas nos pequenos vasos de plantas carnívoras, que devem manter um pratinho com água. Além de manter a umidade elevada, o envoltório impede que os vasos se transformem em criatórios de mosquitos etc. Pintando a garrafa de preto tem-se a certeza de que a planta ficará privada de luz ao longo do experimento.

    A contra-prova pode ser feita simultaneamente com uma montagem quase idêntica, na qual as garrafas não sejam enegrecidas e permitam a passagem de luz. Neste caso, é possível que, com o decorrer das semanas, as plantas que receberam insetos tenham crescimento mais intenso e possivelmente venham a florescer antes. A somatória dos dados obtidos poderá mostrar aos alunos que a principal fonte de energia para as plantas é mesmo a luz. Nas plantas carnívoras, nem mesmo o fornecimento de insetos consegue suprir as necessidades energéticas do organismo.

É comum que os alunos pensem que os alimentos utilizados pelas plantas são aqueles retirados do solo. Uma montagem adicional poderia ser realizada com os alunos aproveitando a mesma técnica de microestufas. Dois lotes de plantas são preparados. Dois vasos são preparados com solo pobre (principalmente com areia), e um deles é deixado dentro de uma estufa transparente, com luz, mas sem presença de insetos; o outro é colocado na estufa enegrecida e sem insetos. Outro lote é preparado com solo rico em matéria orgânica, sendo um vaso deixado com luz e com insetos, e outro sem luz e com insetos.

Acompanhando o desenvolvimento das plantas ao longo de duas semanas será possível verificar que as plantas privadas de luz estão, na realidade, privadas de alimento, mesmo se tiverem terra adubada e insetos à disposição.

C) COMENTÁRIOS GERAIS

Ao pesquisar os modelos explicativos dos alunos o professor poderá organizar seus registros e identificar os alunos que utilizam explicações incorretas, como por exemplo, entendendo que o solo fornece alimentos à planta, sem perceber que a fonte energética da planta é, na realidade, a luz do sol.

O professor deverá acompanhar os experimentos e a troca de ideias de seus alunos de forma a poder colher indícios de sua progressão nos estudos. Nas séries iniciais seria recomendável desenvolver atividades que pudessem apresentar resultados mensuráveis, com reflexo na nota final do bimestre. Em séries mais avançadas é desejável que o professor explore atividades de fundo conceitual mais denso, assegurando-se que a correta compreensão deste importante tema esteja assegurada. Provas e questões objetivas não devem ser descartadas, contanto que possibilitem manifestação inteligente e criativa de ideias.

As atividades propostas nesta unidade poderão proporcionar muitas trocas de ideias entre os alunos. Por um lado, existem muitas informações erradas em diversas fontes, inclusive livros didáticos antigos, que ainda não passaram pela avaliação oficial do MEC. Embora seja uma das áreas mais pesquisadas no ensino de ciências, existem poucas publicações disponíveis em português. O projeto "Plantas Carnívoras", disponível na internet, mantém uma série de informações e sugestões de leituras, algumas delas em português.

Diversos fatos serão presenciados pelos estudantes no decorrer das atividades sugeridas nesta unidade. É importante que os alunos possam testar progressivamente novas explicações, inclusive projetando novas situações experimentais. Por exemplo, plantas colocadas em garrafas fechadas poderiam receber doses adicionais de gás carbônico obtido através de uma reação química inócua, entre vinagre e bicarbonato de sódio, dois ingredientes típicos das cozinhas.

Os resultados dos experimentos propostos certamente serão surpreendentes para muitos alunos e suscitarão discussões acaloradas, dependendo da profundidade conceitual que a turma tiver atingido.

Não resta dúvida que, de todas as quatro unidades propostas neste capítulo, esta é a que exige maior cuidado com a terminologia científica. Isso se explica porque a linguagem cotidiana (e até mesmo a utilizada pelos cientistas) é pouco precisa quando se refere a alimentos, nutrientes e energia. Da mesma forma, o termo "respiração" traz complicações adicionais, uma vez que pode se referir a fenômenos que ocorrem em nível microscópico, no interior das células (respiração celular) e em nível macroscópico, como trocas gasosas entre o meio interno e externo dos organismos.

A compreensão dos conceitos centrais presentes nesta unidade proporcionará a possibilidade de compreender diversos fenômenos e processos, desde o nível celular até planetário. O equilíbrio dos ecossistemas, a conservação das condições ambientais das plataformas continentais, por exemplo, ganhará sentido verdadeiramente para o aluno apenas depois que domine esses conceitos.

A progressão conceitual dos alunos deverá ser registrada pelo professor, que deverá procurar indícios de níveis crescentes de compreensão. O sentido de termos específicos, como "alimento" e "respiração" deverá ser continuamente aferido pelo professor, no sentido de monitorar a progressão esperada.

As atividades propostas nessa unidade poderão ensejar uma série de ações junto à comunidade, desde ações de preservação ambiental bem informada, até mesmo pesquisas mais profundas com a fauna e flora locais. Alunos, desde a pré-escola, poderão tomar parte de atividades e experimentos simples, contribuição importante para que possam desenvolver posturas científicas diante de problemas concretos, que afetam diretamente todas as comunidades do planeta.

4. O AR E SUAS PROPRIEDADES

Esta sequência de atividades tem por objetivo explorar aspectos físicos e químicos relacionados com as trocas gasosas que ocorrem em diferentes situações. Outro grande objetivo é o de introduzir os alunos no campo da experimentação científica, entendendo a importância do controle de variáveis em diversas situações experimentais.

A) ASSUNTO: TUDO SE TRANSFORMA

Este livro teve início com uma conversa sobre as propriedades do ar; nada mais apropriado do que mostrar algumas sugestões de como abordar o problema a partir de uma nova ótica utilizando esse mesmo assunto.

Durante séculos, pensou-se que o ar fosse uma "substância pura", um dos elementos mais primitivos e essenciais à vida. De fato, sem ar é difícil pensar em vida (se bem que existam organismos que vivem na ausência de ar). Mas foi há apenas pouco mais de duzentos anos que se descobriu que o ar era, na verdade, uma mistura de diferentes gases. Um cientista francês, chamado Lavoisier, percebeu que existia uma forma de transformar o ar de forma que ele não pudesse mais permitir a vida de animais. Esse "ar" foi chamado de **azoto**[55].

No assunto anterior foi abordada a atividade das plantas em relação ao ar. O primeiro cientista que percebeu que as plantas eram capazes de tornar o ar respirável foi um inglês chamado Joseph Priestley. Ele levou seus achados a Lavoisier, que ficou muito surpreso com eles. Priestley chamou de "ar perfeito" aquele ar que podia manter a respiração dos animais. Ele tinha uma fórmula para produzir esse "ar perfeito", a partir do aquecimento de óxido de mercúrio. Lavoisier percebeu que estava diante de outro componente do ar, e batizou o gás descoberto por Priestley com o nome de "oxigênio".

É comum pensar que uma substância, depois de queimar, esteja mais leve. Isso levava as pessoas a pensar que as reações químicas faziam "desaparecer" elementos químicos ou substâncias. Lavoisier mostrou que a ideia oposta era a correta e, antes de morrer em 1794, cunhou a célebre frase: "Na natureza nada se perde, nada se cria, tudo se transforma".

---

[55] O prefixo "a" designa negação e "zôon" é um radical grego que se refere a animal. Hoje, em lugar de azoto, se utiliza o termo nitrogênio.

É possível investigar o ar e suas propriedades em sala de aula, entendendo um pouco do trabalho de Lavoisier e, além disso, verificar como é possível criar, verdadeiramente, conhecimento na sala de aula.

B) IDEIAS E ATIVIDADES

Já foi comentado anteriormente que os experimentos que têm por objetivo realizar demonstrações podem ser uma fonte muito rica de estímulos e pesquisas adicionais quando apresentam resultados diversos daqueles esperados. Esta atividade é uma simples repetição de outra muito conhecida, sugerida em quase todos os livros didáticos de ciências e que, paradoxalmente, sempre foi explicada de forma a contrariar o trabalho de Lavoisier. Diante dos dados coletados será possível estimular os alunos a realizar testes adicionais e checar novas ideias a respeito da chama de uma vela e do comportamento dos gases envolvidos no processo.

b.1. Atividade: A chama da vela

Atenção: Esta atividade envolve fogo. Qualquer experimento com chama é perigoso e deve ser realizado com muito cuidado, sempre na presença de adultos e longe de combustíveis, em especial garrafas de álcool, querosene etc. Nesse experimento deve-se utilizar como "copo", pequenos recipientes de alimento infantil, ou outros recipientes de vidro resistentes ao fogo.

Nesta atividade os alunos irão investigar a chama de uma vela, procurando explicações para o fato dela se apagar quando é "abafada".

A apresentação do problema a ser investigado deve ser feita pelo professor, utilizando uma notícia sobre um incêndio florestal, por exemplo, ou sobre a composição do ar. Diversas perguntas podem ser feitas aos alunos, solicitando que eles falem o que pensam sobre ambientes fechados e quais suas previsões para o abafamento de uma vela por um copo. Exemplos de questões que podem ser levantadas:

- "Como se faz uma fogueira?"
- "Se vocês abanarem uma fogueira o que acontece?"
- "Se vocês abafarem uma vela, o que deve acontecer?"

Uma vela acesa, colocada no centro de um prato com água nos apresenta um desafio muito maior do que se pode pensar à primeira vista. Se emborcarmos um copo, a vela se apagará e o nível de água dentro do copo subirá. As explicações que normalmente acompanham essa experiência falam de consumo de oxigênio pela chama.

Ela faria o oxigênio "sumir" de dentro do copo, o que criaria espaço para a entrada de água. Essa explicação consta da maioria dos livros didáticos disponíveis, e pode-se testá-la nesta atividade.

Tradicionalmente, os alunos são convidados a observar o efeito do abafamento da chama da vela e, sem refletir muito sobre isso, concordar com uma maneira de explicá-lo. Esta atividade propõe uma nova forma de abordar a questão. Em vez de simplesmente concordar com uma explicação, alunos e professor investigam genuinamente o fenômeno, procurando por explicações que possam ser testadas e comprovadas ou não. Esta é a essência do trabalho científico.

A primeira etapa do trabalho consiste em observar atentamente o que ocorre quando a vela é abafada pelo copo. Se o nível de água se eleva em seu interior à medida em que a vela se queima, então pode-se prever que a entrada de água será maior enquanto a chama for intensa e que, depois de apagada, nenhuma água entrará no interior do copo. Não é difícil verificar se estas previsões estão corretas.

Qualquer pessoa, em qualquer lugar, pode realizar esse experimento. Assim, poderá confirmar as previsões e as explicações que normalmente as acompanham.

Essa experiência pode ser repetida diversas vezes. É isso o que se observa? O professor pode chamar a atenção dos alunos para algumas consequências lógicas que decorrem da crença de que a água penetra no copo porque o oxigênio estaria "sumindo". Algumas questões precisam ser feitas para os alunos para que possam levantar hipóteses do que irá acontecer, realizar observações e responder as seguintes questões:

Quando a água entra mais rapidamente: quando a chama é mais ou menos intensa? Depois que a vela se apaga a água deixa de entrar no copo?

O que ocorreu?

O que se observa, de fato, é justamente o contrário do que se imaginava. Enquanto a chama da vela é forte, ou seja, enquanto o consumo de oxigênio é intenso, o nível de água no interior do copo não se altera significativamente. Por outro lado, depois que a vela se apaga, ou seja, depois que cessa o consumo de oxigênio, a entrada de água é mais intensa.

Esta é uma situação comum no trabalho científico. Muitas vezes, ao analisar um fenômeno de forma científica, não é possível confirmar as previsões. Isso nos obriga a modificar nossa maneira de pensar o problema, porque existe algo de errado na explicação que estamos utilizando. No passado, Lavoisier, mostrou que quando uma substância se transforma ela não "desaparece", porque aparece outra a partir dela: "Na natureza, nada se cria, nada se perde, tudo se transforma".

A explicação tradicional que o professor conhece de leituras antigas diz que o oxigênio "desaparece" sem deixar vestígio. No entanto, se isso fosse verdade, ele "desapareceria" mais rapidamente quando a chama da vela é mais intensa e deixaria de "desaparecer" quando a vela se apaga. Como vimos, não é isso o que acontece.

Professor e alunos poderão, agora, se deparar com uma das mais fascinantes facetas do trabalho científico, ao criar novas explicações para fenômenos conhecidos. Os cientistas criam explicações, as apresentam aos colegas, que as debatem, e realizam testes. Os resultados são debatidos e outros cientistas tentam confirmá-los. Às vezes algo de novo, que não tinha sido considerado antes, é percebido e a nova explicação é derrubada.

Depois de realizar esses testes, professor e alunos podem procurar por novas explicações e debater suas ideias. Por que o nível de água sobe dentro do copo?

Um aluno pode ter percebido que a água subiu mais intensamente depois que a chama da vela se apagou. O professor pode explorar com a classe essa observação e realizar perguntas do tipo:

– O que aconteceu com a entrada de água enquanto a chama da vela estava bem forte?

– O que aconteceu no interior do copo depois que a vela se apagou?

– Por que será que entrou água no interior do copo?

– Ficou mais quente ou mais frio lá dentro?

Os alunos poderão repetir o experimento diversas vezes, até perceber que a entrada de água é intensa depois que a vela se apaga. Com as perguntas, o professor dirige a atenção dos alunos para a **temperatura** no interior do copo. Ela deve ter diminuído bastante após o apagamento da vela. Algum aluno, ou grupo de alunos, poderá acabar por relacionar a variação de temperatura no interior do copo com a entrada de água no copo. Com o abaixamento da temperatura, o ar do interior do copo deve ter se contraído fortemente, o que poderia ter provocado a entrada de água no copo. Essas novas ideias são chamadas "**hipóteses**". Mas as hipóteses devem ser testadas. Como testar a hipótese de que é a queda da temperatura, e consequente contração do ar no interior do copo, que provoca a entrada de ar?

É importante que os alunos pensem sobre formas de testar hipóteses, mesmo que elas não sejam apresentadas dessa maneira ou com esse nome. O professor poderia perguntar para a classe:

– Vocês entenderam a ideia de seu colega para explicar a entrada de água?

– Será que essa ideia está certa?

– Como podemos saber se essa ideia está certa?

Embora os alunos devam pensar sobre maneiras de testar ideias, não é fácil propor montagens que sejam eficientes. Por vezes, os cientistas ficam durante anos pensando em como testar uma ideia nova, uma nova hipótese. Mesmo depois de terem pensado em como fazê-lo, costumam apresentar sua proposta a outros colegas, para que eles pensem nela, para certificar-se que é de fato uma boa maneira de realizar o teste.

O professor poderá propor uma forma de testar essa ideia. Um experimento poderia ser feito sem acender a vela, apenas com o copo, de preferência um recipiente de vidro especial, resistente ao fogo, como aqueles de alimento infantil. Esse recipiente será aquecido e colocado sobre a mesma montagem experimental, mas com a vela apagada. Um fogão, um fogareiro ou mesmo uma lamparina a álcool poderia ser utilizada. Mas com muito cuidado: em primeiro lugar é preciso prestar atenção para que o copo não se resfrie ao ser levado do local de aquecimento até a vela apagada. Em segundo lugar, é preciso redobrar o cuidado quando trabalhamos com chamas que podem queimar as pessoas. Ao lidar com lamparinas, é necessário ter certeza que a garrafa de álcool esteja tampada e longe da chama. O trabalho deve ser conduzido por um adulto, que deve ter um pano molhado ao alcance da mão. Qualquer acidente, como a queda da lamparina, pode gerar uma chama perigosa que deve ser abafada com o pano molhado. O recipiente quente é também perigoso e pode queimar a mão de quem o manipula, daí ser importante utilizar uma luva térmica ou um pano grosso para segurá-lo.

O professor deveria realizar o aquecimento do copo com e, depois de emborcado na vela apagada, os alunos poderiam se aproximar e observar esse conjunto, sem chama, de perto, sem correr perigo.

Observando de perto o resultado, os alunos poderão testar a hipótese que têm em mente. Se o abaixamento da temperatura no interior do copo provoca a entrada de água, então, à medida em que o copo se resfria, a água entrará lentamente, até chegar mais ou menos no mesmo nível da montagem anterior.

Feito o teste, cabe a pergunta: os resultados estão de acordo com o previsto?

É importante esperar algum tempo até o completo esfriamento do copo e do ar de seu interior. Isso pode levar alguns minutos, um tempo maior do que no caso da vela. Se os resultados estão de acordo com o previsto, isso nos leva a crer que a entrada de água no copo tenha ocorrido devido à diminuição da temperatura. Em outras palavras, a nova hipótese foi confirmada!

Uma outra forma de testar a mesma hipótese é a de acender a vela dentro do recipiente. Veja quais são os materiais necessários na foto:

Materiais necessários para verificar a variação do volume com a chama da vela: uma cortiça, uma vela pequena, alguns palitos de fósforo, um recipiente transparente (béquer) e uma lente de aumento. O experimento deve ser realizado em um dia ensolarado.

A vela deve ser colocada no centro da cortiça, com três cabeças de palito de fósforo próximas ao pavio da vela.

A vela deve ser colocada no centro da cortiça, com três cabeças de palito de fósforo.

Em um dia ensolarado, a lente de aumento promoverá a ignição dos palitos de fósforo, que acenderão a vela.

A ignição da vela provocará um aumento do volume interno do recipiente, de maneira que, com a ajuda de um canudo flexível, será necessário retirar ar do interior do recipiente, de maneira a elevar o nível de água no interior da preparação.

Uma vez pronta, deve-se realizar a marcação do nível de água no recipiente.

A montagem está pronta para o acendimento da vela. O nível da água deve ser anotado.

Caso haja "consumo de oxigênio" o nível da água após o apagamento da vela deverá ser bem menor do que o nível inicial. Com a ignição, ocorre uma expansão dos gases e em seguida uma retração, com formação de fumaça, originada pelos fósforos. O resultado final poder ser visto na fotografia seguinte.

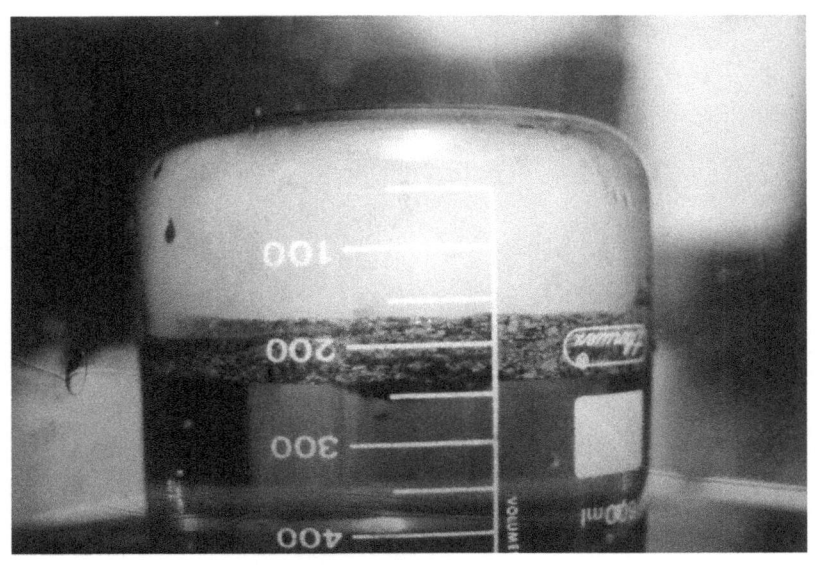

Após a ignição, há uma grande expansão de gases e, em seguida, a vela se apaga. Com isso, há uma contração dos gases e o nível de água retorna para a marca inicial.

Observe como o resultado final apresenta o retorno à situação inicial. O acendimento e o apagamento da vela envolveu diversas reações químicas e o consumo de oxigênio, mas houve produção de outras substâncias. O resultado final não apresentou variação no volume interno da montagem.

C) COMENTÁRIOS GERAIS

As atividades sugeridas trazem uma série de desafios, entre eles o mais importante talvez seja o de mostrar o papel ativo do professor e do aluno diante do conhecimento veiculado ativamente por materiais didáticos.

Os resultados preliminares obtidos pelos alunos ensejarão uma série de discussões, principalmente devido ao fato de que a Lei de Lavoisier não é normalmente levada em conta por alunos dos anos iniciais. Novas ideias e interpretações deverão ser desafiadas, existindo inclusive algumas sugestões de inferências interessantes que poderão ser exploradas por alunos e professor.

A partir da compreensão que se pretende atingir com as atividades propostas, a atuação dos alunos em diferentes contextos poderá ser modificada. A contribuição trazida por Lavoisier ao estabelecer as bases da química moderna estará disponível aos alunos, que poderão compreender uma série de fenômenos cotidianos e modificar sua atuação social.

Nesta unidade a terminologia científica ganha grande relevância. Expressões como "consumir oxigênio" devem ser entendidas a partir de um novo ângulo, percebendo que se trata de uma transformação sem perda de massa.

5- RESUMINDO...

Professor e alunos podem explorar suas ideias nas aulas de ciências, desenvolvendo seus conceitos, suas atitudes e sua maneira de agir. Observando o que existe em comum nessas atividades práticas sugeridas, percebe-se que, em um momento inicial, foi necessário propor um problema. Depois foi necessário encontrar explicações, hipóteses, que pudessem ser testadas. Foram realizados testes, montagens, coleta de dados, que trouxeram novos elementos para repensar o problema inicial.

Foi necessário então levantar novas explicações, refletir, pensar, trocar ideias, até que uma nova explicação pudesse aparecer. O papel do professor pôde ser notado: ele não ficou apenas assistindo a classe, mas fez perguntas, propôs desafios, chamou a atenção dos alunos, especialmente quando eles colhem dados diferentes daqueles que eram esperados.

Novamente foi necessário realizar uma série de perguntas e desafiar a classe a pensar em formas de testar a nova ideia. Mesmo que a classe não tenha chegado a uma conclusão positiva, o próprio debate já foi uma importante etapa do processo, possibilitando a troca de ideias e a crítica fundamentada.

Nesse momento, é muito provável que o professor se pergunte se não seria mais fácil simplesmente dizer aos estudantes quais são as explicações corretas, aquelas que são aceitas pelos cientistas hoje em dia. Sem dúvida alguma, seria mais simples e, de certa forma, isso deverá ser feito em alguns momentos.

No entanto, o grande problema é tentar simplificar demais o problema da aprendizagem das ideias da Ciência e tentar reduzi-las a uma lista de enunciados que podem ser memorizados pelos alunos.

Outro problema que essa saída simplista nos coloca se refere ao professor. Ele passa a ser visto como uma espécie de "sabe-tudo". Se saber ciência é saber uma coleção de coisas que podem ser guardadas na memória, então o professor deveria dar o exemplo e exercitar sua memória mais do que os próprios alunos antes de começar as aulas.

Finalmente, o aluno também sofre as consequências dessa maneira de estudar a ciência. Além de muito chato, as provas passam a ser uma lista de perguntas, do tipo "o que é...?", "descreva...", ou seja, para ir bem numa avaliação basta repetir uma série de respostas pré-estabelecidas.

Mas o maior problema dessa forma de estudar as ideias desenvolvidas pela ciência é que depois de algum tempo os alunos já não se lembram mais do que memorizaram e é como se nada tivessem estudado. Portanto, além de ser muito chato para o aluno e angustiante para o professor, essa "decoreba" é rigorosamente inútil.

Essa maneira aparentemente mais complicada de estudar, na qual o professor deve se preparar, apresentando problemas e propiciando momentos para que os alunos elaborem explicações e testes, tem resultado melhor. Os alunos aprendem não apenas novas explicações, mas também a elaborar explicações e formas de testá-las por si mesmos. Isso, talvez, seja o mais importante. Aprender a aprender é, de certa forma, a tarefa mais importante da escola.

A modificação da maneira de abordar as aulas deve ser acompanhada de uma nova maneira de avaliar os estudantes, caso contrário poderá aparecer algum tipo de problema. A produção do aluno passa a ser importante de uma maneira geral, e não apenas nos momentos de provas e avaliações. O professor realiza registros diários das atividades dos alunos, tanto nos trabalhos em grupo como nos trabalhos individuais. O professor dirige suas atenções para as ideias que os alunos tinham sobre os assuntos estudados e como se modificaram ao longo das atividades realizadas em classe. Seria conveniente retomar as considerações realizadas a propósito da avaliação, levando em consideração diferentes tipos de indicadores.

O professor poderia avaliar diversas manifestações e produções dos alunos, não apenas textos escritos ou cálculos matemáticos. Seria interessante que a produção individual e coletiva dos alunos pudesse ser acompanhada, documentada, reformulada e avaliada de forma periódica. Cada aluno poderia ter uma pasta que, junto com a avaliação do caderno e pequenas provas, pudesse ter um peso grande no conceito que o professor tem de seus alunos.

Modificar a preparação das aulas, proporcionar momentos de autorreflexão aos estudantes, oferecer oportunidades para testar explicações e refletir sobre suas propriedades, limites e possibilidades, são atividades que ensejarão uma forma muito diferente de ensinar e aprender ciências. Essa nova forma de ensinar ciências demanda mudanças que não serão fáceis de serem realizadas, mas que certamente valerão a pena se forem, de fato, conseguidas.

BIBLIOGRAFIA

Abrantes, P; *Imagens de Natureza, Imagens de Ciência*. Campinas, Papirus (1998).

Astolfi, J. P . e M.A. Develay. *A didática das ciências*. Campinas, Papirus, (1995).

Delizoicov, D., J.A.P. Angotti, & M. Pernambuco. *Ensino de Ciências:* Fundamentos e Métodos. São Paulo, Cortez, (2003).

Carvalho, G.S e A.A.S. Carvalho. *Educação para a Saúde*. Porto, Lusociencia (2006).

Chassot, A. e R. J. de Oliveira (orgs.). *Ciência, Ética e Cultura na Educação*. São Leopoldo, Ed. Unisinos, (1998)

Cury, C.E.J. Legislação Educacional Brasileira. Rio de Janeiro, DP&A, (2000).

Doll, J. & R. T. D. Da Rosa (orgs). *Metodologia de Ensino em Foco:* Práticas e Reflexões. Porto Alegre, Ed.UFRGS, (2004).

Gil-Pérez, D. (1991). *¿Qué han de saber y saber hacer los profesores de ciencias?* Enseñanza de las Ciencias, 9(1), 69-77 (1991).

Giordan, A. e G. de Vecchi. *As origens do Saber: das concepções dos aprendentes aos conceitos científicos*. Porto Alegre, Artes Médicas, 2ffi edição (1996).

Harlen, W. *Enseñanza y Aprendizaje de las Ciências.*Madrid, MEC/ Morata (1989).

Krasilchik, M. *Prática de Ensino de Biologia.* São Paulo, Harbra (3ffi. Ed), 1996

Moreira, M.A. *Aprendizagem Significativa*. Brasília, Ed. UnB (1999)

Mortimer, E. F. *Linguagem e formação de conceitos no ensino de ciências*. Belo Horizonte, Ed. UFMG, (2000).

Oliveira, Daisy L. (org.). *Ciências nas Salas de Aula*. Porto Alegre, Ed. Mediação, (1997).

Pavão, A.C. & D. Freitas (orgs). *Quanta ciência há no ensino de ciências*. São Carlos, EDUSFCar, (2008).

Weissmann, H (org) *Didática das Ciências Naturais*. Porto Alegre, Artmed (1998).

Ziman, J. *O conhecimento confiável*: uma exploração dos fundamentos para a crença na ciência. Campinas: Papirus, (1996).

REVISTAS SOBRE ENSINO DE CIÊNCIAS:

Ciência Hoje para Crianças (publicação da Sociedade Brasileira para o Progresso da Ciência)

Química Nova na Escola (publicação da Sociedade Brasileira de Química)

Revista de Ensino de Física (publicação da Sociedade Brasileira de Física).